W0307282

Hermann Will

mini-handbuch Training und Seminar

DR. HERMANN WILL ist Pädagoge und Diplom-Psychologe, Trainer, Moderator, Berater und Coach. Seit fast 30 Jahren ist er als Freiberufler aktiv für Unternehmen, Verbände und Hochschulen – quer über Branchen, Zielgruppen, Länder und Kulturen. Er ist Begründer der IHK-Trainerausbildung (IHK Akademie München und Oberbayern) und Initiator von WUP WILL UND PARTNER, einem Trainer-, Moderatoren und Beraternetzwerk. Arbeitsfelder: Qualifizierung, Train-the-Trainer, Präsentation und Auftrittscoaching, Konzeption und Moderation von Workshops, Info-, Lern- und Change-Events, Veranstaltungsdesigns.

Bismarckweg 3, D-82335 Berg
Tel.: +49(0)8151-9797-44
E-Mail: will@wup.info
Internet: www.wup.info

Hermann Will

mini-handbuch
Training und Seminar

DAS WICHTIGSTE FÜR DOZENTEN, REFERENTEN UND TRAINER

BELTZ

Dieses Buch ist auch als E-Book erhältlich
(ISBN 978-3-407-29464-7).

FSC
www.fsc.org
MIX
Papier aus verantwortungsvollen Quellen
FSC® C089473

Werderstr. 10, 69469 Weinheim

www.beltz.de
Lektorat: Dr. Erik Zyber
Satz und Layout: Antje Birkholz
Druck und Bindung: Beltz Bad Langensalza GmbH, Bad Langensalza
Reihenkonzept: glas ag, Seeheim-Jugenheim
Umschlaggestaltung: Antje Birkholz
Umschlagillustration: Jonathan Bachmann
Zeichnungen und Grafiken: Michael Ziereis
Printed in Germany
ISBN 978-3-407-36593-4

Inhaltsverzeichnis

Vorwort:
Brave Trainings gibt's genug. Ihre werden mutiger!

Über Jahre habe ich Konzepte und Ideen zum Trainer-Handwerk gesammelt, mit Kolleginnen und Kollegen aus dem WUP-NETZWERK gesprochen, diverse Trainer-Trainings und Trainer-Workshops durchgeführt und mit Gott und der Welt über Trainings und die Nachbardisziplinen diskutiert. Das Ergebnis haben Sie jetzt als Buch vor sich.

23 KURZE KAPITEL MIT ERPROBTEN UND INNOVATIVEN IDEEN

Da finden Sie die ganze Palette: Teilnehmeranalyse und Lernzielklärung, Planungshilfen für Ihre nächsten Trainings, pfiffige Qualifizierungsdesigns, eine Vielzahl an Methoden und Energiebringern zwischen »erprobt« und »schräg«, Medien (auch jenseits der Folienschlacht), Einstiege und Schlusspunkte, Strategien für Erfolgs- und Transfersicherung, Anregungen zur Raumnutzung und »Was-tu-ich-wenn-Hilfen« für schwierige Situationen.

DER HINTERGRUND DIESES BUCHS

Schrittweise bin ich in Trainings, Workshops und große Lernveranstaltungen hineingewachsen: Als Trainer-Trainer für die Siemens AG über Fortbildungen für Erzieher und Lehrer, als Lehrtrainer der IHK Akademie München und Oberbayern und dann für immer mehr Unternehmen und Institutionen in Deutschland, Österreich, der Schweiz und in Vietnam. Ich habe Bücher geschrieben über Evaluation, über »Zielarbeit in Organisationen« und über Lernmedien (»Mit den Augen lernen«). Weiterhin erschienen »Das große Workshop-Buch«, das »Mini-Handbuch Vortag und Präsentation« sowie »Info,

Lern- und Change-Events« als Ideenbuch für Veranstaltungen. Und jetzt eben dieses neue »Mini-Handbuch Training und Seminar«.

SIEBEN GLAUBENSSÄTZE ZUM »LEBENDIGEN LERNEN«

Als Pragmatiker bin ich vorsichtig mit Philosophien und Theorien. Aber einige Grundannahmen sind mir wichtig. Sie sind Hintergrund dieses Buchs – jenseits des Handwerklichen.

1) JEDER TEILNEHMER UND JEDES TRAINING IST ANDERS – JEDER TRAINER AUCH: Standardisierte Ablaufpläne stoßen da schnell an ihre Grenzen. Das spricht für flexible Planung und Werkstattdesigns. Schließlich kommt es immer anders, als man denkt. Das ist gerade der Reiz.

2) TRAININGS ZWISCHEN PREDIGT, WORKSHOP UND LERN-EVENT: Der Blick über die Formatgrenzen kann nicht schaden. Nicht immer nur in »Vortrag« und »Schulung« denken! Da schmort man zu sehr im eigenen Saft. Energie bringen Anleihen aus anderen Veranstaltungskulturen – punktuell dosiert.

3) ANDERS ALS ÜBLICH: Brave Trainings hinterlassen wenig Spuren. Völlig »ver-rückt« wäre hingegen zu viel des Guten. Gesucht sind Abweichungen vom Üblichen auf mittlerem Niveau. Schon einige variierte Planungsparameter und ein wenig mehr Aktivierung und Inszenierung bringen Schwung ins Training.

4) AUF DIE LERNENERGIE ACHTEN: Jeder kennt »hochenergetische« Trainingsphasen mit Wachheit und Lernlust. Diese »Lernenergie« speist sich aus Motivation, Inhalten, Methoden, dem Lernklima und dem Spirit der Veranstaltung. Andererseits gibt es energielose Zeiten mit schlechter Lernrendite. Die wird man möglichst minimieren.

5) DAS CHIANTI-MODELL HAT AUSGEDIENT: Der Trainer als Fass voll edlem Gran Reserva und die Teilnehmer als leere Flaschen, die abge-

füllt, verkorkt und etikettiert werden. Aus Zeitnot oder Hilflosigkeit setzen manche noch immer auf »Chianti«. Glücklich macht das niemand. Und der »Wein« verdirbt schnell.

6) NICHT AUFS FALSCHE PFERD SETZEN: Methodenmix und kreative Designs haben ihren Reiz, aber diese Vielfalt hat nur dienende Funktion. Die langfristig entscheidenden Erfolgskriterien sind Lerngewinn und Transfer.

7) STÄRKEN STÄRKEN: Die Fehlerkultur ist nicht nur für die Schule typisch. Viel nützlicher wäre es, die Stärken der Teilnehmer und ihre nächsten Entwicklungsschritte herauszuarbeiten. Das könnte Trainings lustvoller machen – für Teilnehmer und Trainer.

FÜR WEN IST DIESES MINI-HANDBUCH?

Geschrieben ist es für alle, die mit Training, Schulung oder Aus- und Weiterbildung zu tun haben, in Unternehmen, Verbänden, Institutionen oder Vereinen unterrichten, Azubis fit machen, Kunden oder Multiplikatoren einweisen, Verkäufer trainieren, an Hochschulen lehren. Für Einsteiger und Routiniers vermittelt es Trainer-Handwerk, hilft beim Planen neuer Kurse und beim Tunen bestehender Trainings und ist Impuls fürs kreative Weiterspinnen.

DAS WÜNSCH' ICH MIR FÜR SIE

Sie sehen neue Möglichkeiten und bekommen Lust aufs Erkunden neuer Wege – aufs »Anders als üblich!« Das unterstützt den Lern- und Transfererfolg. Ihre Trainings machen Ihnen und Ihren Teilnehmern mehr Spaß!

Dr. Hermann Will

Herzlichen Dank an Michael Ziereis (ziereis@wup.info) für die mediale Beratung und die Illustrationen. Vielen Dank auch an die Testleser, unsere Trainingsteilnehmer und an die Kolleginnen und Kollegen aus dem WUP-NETZWERK.

GENDER: *»Unterrichtende« sind weiblich und männlich und laufen unter verschiedenen Bezeichnungen. Kurz und knapp nennen wir sie hier alle einfach »Trainer«, »Referent« oder »Dozent«. Und die Teilnehmerinnen und Teilnehmer nennen wir der sprachlichen Einfachheit halber »Teilnehmer«. Sorry.*

Anders als üblich?
Warum eigentlich nicht?

A

Analyse und Recherche

1. **Auftrag und Bedarf:** Wer will und braucht was wozu?
2. **Teilnehmeranalyse:** Erwartungen, Bedürfnisse, Lerntypen
3. **Lernziel-Klärung:** Was soll später anders sein?

1. Auftrag und Bedarf
Wer will und braucht was wozu?

Ein diffuser Auftrag!

Ihre Auftragsklärung ist vermutlich kurz und schmerzlos, wenn Sie zum x-ten Mal ein durchgestyltes Programm durchführen. Anders sieht die Sache aus, wenn Neues ansteht, wenn Bestehendes überarbeitet werden soll oder Sie ein neues Training für eine neue Zielgruppe entwickeln.

UNKLARE AUFTRÄGE RÄCHEN SICH

Aufträge des Typs »Wir brauchen ein Training zu XYZ« gibt es immer noch. Wer da gleich frisch drauflos in Stoff- und Ablaufplänen, Formaten, Methoden und Medien denkt, startet zum Blindflug! Klüger: Sie verschaffen sich einen Überblick über die Zielvorstellungen, die Ausgangslage und den Bedarf, über die Motivation der Beteiligten und einiges mehr.

DIE EIGENTLICHEN AUFTRAGGEBER IDENTIFIZIEREN: Das sind Leitungsgremien, Chefs, Trainingsabteilungen, Qualifizierungs- und Schulungsverantwortliche oder »Zwischenhändler«, die ihrerseits beauftragt wurden und vielleicht nur bruchstückhaft Bescheid wissen. Wenn Sie Ihr eigener Auftraggeber sind, müssen Sie die Fragen für sich selbst beantworten.

AUF KONKURRIERENDE ZIELVORSTELLUNGEN ACHTEN: Nicht alle Aufträge sind schon zu Beginn durchdacht und abgestimmt, beispielsweise wenn die Klinikleitung ein Kommunikationstraining für den besseren Umgang mit Patienten beauftragt, das Pflegepersonal aber den Bedarf beim Stationsmanagement sieht – als Workshop und nicht als Schulung (zum Unterschied zwischen diesen Trainingsformaten vgl. Kapitel 4).

KLÄRUNGSGESPRÄCHE SCHAFFEN DURCHBLICK: Die müssen nicht ewig dauern, und nicht alles wird sich vorab klären lassen. Ein lockerer Themen-Leitfaden als Checkliste verleiht Struktur. Ergebnisse und offene Fragen festhalten! Sich nicht vorschnell festlegen lassen!

IN KONTAKT MIT DEM AUFTRAGGEBER BLEIBEN: Zeichnen sich Änderungen ab? Interessiert ihn die Auswertung? Sorgt er später für Rückendeckung? Besteht später Folgebedarf?

CHECKLISTE AUFTRAGSKLÄRUNG

- O ZIELE UND INHALTE: Was soll nach dem Training anders sein? Was sollte auf alle Fälle vermittelt werden? Was soll *nicht* erreicht werden? Was gehört *nicht* zum Stoff?

- O TEILNEHMER: Wie viele? Was tun die? Wofür brauchen die das? Was wissen die bereits? Wie stehen sie zu den Schulungsinhalten? Haben die Leidensdruck? Kommen die freiwillig?

- O AUSGANGSSITUATION, ANLASS UND KONTEXT: Warum diese Schulung ausgerechnet jetzt? Wer will die, wer weniger? Gibt es eine Vorgeschichte?

- O EINBETTUNG UND TRANSFERUNTERSTÜTZUNG: Was verknüpft die Schulung mit dem Arbeitsalltag? Was hilft bei der Umsetzung? Was erschwert den Transfer? Wer kümmert sich wie um die Vor- und Nachbereitung sowie um Nachhaltigkeit?

- O ERFOLGSKRITERIEN UND EVALUATION: Was soll mindestens erreicht werden? Was wäre ein tolles Ergebnis? Wer beurteilt den Trainingserfolg – anhand welcher Kriterien? Wo lauern Fettnäpfchen und Fußangeln?

- O RAHMENBEDINGUNGEN, FORMATE UND DESIGNS: Muss es ein Training sein? Gibt es Entscheidungsspielräume bei Dauer, Ort, Raum und Etat? Welche Vorstellungen bestehen über Formate und Designs?

2. Teilnehmeranalyse
Erwartungen, Bedürfnisse, Lerntypen

Jeder Teilnehmer tickt anders!

»Teilnehmer dort abholen, wo sie stehen.« Das sagt sich leicht. Erst einmal muss man herausfinden, wo sie derzeit stehen und ob sie überhaupt abgeholt werden wollen. Sicher haben nicht alle die gleichen Bedürfnisse, Themen und Ziele. Und sie lernen auf unterschiedliche Art und Weise. Je mehr Sie über Ihre Teilnehmer in Erfahrung bringen, umso weniger droht Ihnen ein Blindflug.

VON DEN TEILNEHMERN UND NICHT VOM LERNSTOFF HER PLANEN

Jeder Mensch lernt anders. Trotzdem bekommen im Kurs alle den gleichen Unterricht verpasst – oft einen Unterricht, der dem Lernstil des Trainers entspricht. Da werden nicht alle in gleicher Weise satt. Also die Rechnung nicht ohne den Wirt machen: Der Köder muss dem Fisch schmecken, nicht dem Angler!

WAS SIE MÖGLICHST FRÜHZEITIG KLÄREN: Wer kommt? Wer kommt freiwillig? Was haben die Teilnehmer an Vorwissen und Erfahrung? Wie stehen sie zum Thema? Welchen Lehrstil sind sie gewohnt? Was erwarten, hoffen und befürchten sie? Und welche der folgenden Fragen sind für sie heiß?

- »Wozunutz«? Nützt mir dieses Training?
- Schaffe ich das? Habe ich Chancen auf Lernerfolg?
- Habe ich genug Ressourcen? Bekomme ich dafür später Zeit und Ausstattung?
- Back-Home-tauglich? Was werden die Kollegen und Chefs dazu sagen?
- Change? Warum soll gerade ich mich ändern?

MEHR PARTIZIPATION, WENIGER SPINAT: Wer Kleinkinder mit »gesundem« Spinat zwangsfüttert, nutzt den alten Trick: »Ein Löffel für Oma, ein Löffel für Opa…« Anfangs fallen die lieben Kleinen darauf herein. Aber dann spucken sie, so gut es geht. Erwachsene Lerner sind da nicht anders. Von zwangsgefüttertem Trainingsspinat haben die meisten die Nase voll!

»BASIC NEEDS«: AUF GRUNDBEDÜRFNISSE DER TEILNEHMER EINGEHEN

Motivieren ist schwer, demotivieren geht ruckzuck. Das Modell der »Basic Needs« (Deci/Ryan) beschreibt drei zentrale Grundbedürfnisse für erfolgreiches Lernen:

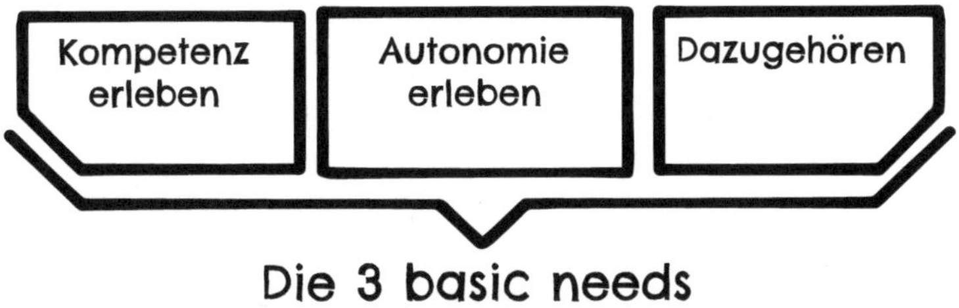

- »KOMPETENZ ERLEBEN«: Die Kursteilnehmer wollen sich als handlungsfähig erleben, den Anforderungen gewachsen sein und die anstehenden Aufgaben aus eigener Kraft bewältigen können. Klartext: Man will nicht »doof« dastehen und weder über- noch unterfordert werden.
- »AUTONOMIE ERLEBEN«: Lernende wollen Einfluss auf Ziele und Vorgehensweisen haben. Klartext: Man will nicht ungefragt organisiert und mit Spinat »abgefüttert« werden.
- »DAZUGEHÖREN«: Die Kursteilnehmer suchen im Training Kontakt, Austausch und Dialog. Klartext: Man will von den anderen Teilnehmern ernst genommen, akzeptiert und anerkannt werden. Im Fachjargon heißt das »soziale Eingebundenheit«.

Wir haben diese drei »Basic Needs« um vier kleiner dimensionierte ergänzt. Die Teilnehmer erhoffen sich auch

- einen guten und stimmigen Inhalt
- eine halbwegs spannend inszenierte Verpackung
- einen Nutzen
- einen angenehm-unterstützenden Rahmen

Hartgesottene lernen auch unter ungünstigen Bedingungen. Aber das gilt nicht für alle Teilnehmer. Prüfen Sie, ob Ihr Training diese Bedürfnisse befriedigt! Hundertprozentig wird das nicht sein, aber zu wenig schadet auf Dauer der Lernenergie.

LERNTYPEN: ALLEN TEILNEHMERN GERECHT WERDEN

Lerntypen reduzieren die Komplexität auf griffige Dimensionen. Wissenschaftlich gesehen ist das Küchenpsychologie mit einer hohen Fehlerquote, aber als Denkmodell trotzdem nützlich. Als Trainer müssen Sie gar nicht wissen, wer Typ A, B oder C ist. Im Raum sind immer alle drei Typen. Die sollten Sie möglichst alle berücksichtigen!

AUDITIVE, VISUELLE, KOMMUNIKATIVE UND MOTORISCHE LERNTYPEN: Dieses Modell unterstellt, dass manche Menschen besonders gut über Hören, Sehen, Reden oder praktisches Tun lernen. Prüfen Sie, ob Ihr Unterricht diese vier Lerntypen wechselweise bedient, auch wenn nicht all Ihre Teilnehmer eindeutig in diese Kategorien passen.

PUZZLE-, STRUKTUR- UND HERZBLUT-TYPEN: Auch unsere Klassifikation ist simpel. Wir postulieren drei Lerntypen, die sicher alle (in Mischformen) im Training sitzen.

»Puzzle-Typen« lieben **Z**ahlen, **D**aten, **F**akten (»ZDF-Typen«), sind gierig auf Details aller Art. Her mit dem Stoff! Rein mit den Folien! Sie freuen sich auch noch über die Ausnahmen beim Sonderfall, fürchten zu »dünne« Inhalte und zu viel inszenierte »Verpackung«.

Auch »Struktur-Typen« (»Strukturis«) wollen Zahlen, Daten, Fakten. Aber wirklich heiß sind sie auf übergeordnete Zusammenhänge, Überblicke und Querbezüge. Sie wollen wissen, was hinter den Zahlen steht. Was sie hassen: mit vielen Fakten vollgestopft zu werden. Da sehen sie dann den Wald vor lauter Bäumen nicht mehr.

»Herzblut-Typen« (»Emos«) blühen auf, wenn Atmosphäre, Gefühl und Kontakt stimmen. Sie fahren ab auf lebendig erzählte Fallbeispiele, dekorative Medien, Inszenierung und die aktive Zusammenarbeit im Kurs. Im Training soll sich etwas »rühren«!

ALLE DREI TYPEN BEDIENEN: Wer überwiegend im »Puzzle-Stil« unterrichtet, verliert »Strukturis« und »Herzblut-Typen«. Unter zu viel »Herzblut« leiden die zwei anderen Typen. Eine gute Schulung spricht im Wechsel alle drei Typen an. Das beginnt bei der Planung und wirkt sich bis hin zur Foliengestaltung aus. Auf alle Fälle sollten Sie nicht nur Ihren persönlich dominierenden Typ bedienen!

WENN SIE MIT MENSCHEN STATT MIT »TYPEN« ZU TUN HABEN MÖCHTEN: Führen Sie vorab und in Pausen Gespräche mit einzelnen Teilnehmern oder machen Sie zwischendurch »Lernstile« und »Lernwege« zum Thema im laufenden Training.

3. Lernziel-Klärung
Was soll später anders sein?

Output- statt Input-Denken! Nicht »Was soll vermittelt werden?«, sondern »Was soll später (wie) anders sein?« Müssen die Teilnehmer das Gelernte perfekt beherrschen oder reicht es, wenn sie wissen, wo es steht? Welche Erfolgsquote ist angestrebt? Genügen 80 Prozent oder braucht es 100 Prozent? Gelten die Ziele für alle Teilnehmer gleich? Und was ist, wenn Lehr- und Lernziele nicht übereinstimmen?

STELLEN SIE IHRE LERNZIELE AUF DEN PRÜFSTAND!

Klug formulierte Ziele geben Orientierung, bremsen die Inhaltsfülle aus und definieren, was später als Erfolg gemessen wird. Aber es lauern Schwierigkeiten und Fehlerquellen:

- Ziele werden mit Inhalten verwechselt.
- Ziele bleiben wohlklingende Worthülsen oder Papiertiger – mit wenig Relevanz und Nutzen.
- Ein Teil der Lernzielkategorien (Kopf – Herz – Hand) bleibt ausgeblendet.
- Bei den Zielebenen (Richt-, Grob- und Feinziele) ergeben sich Lücken.
- Der Erfolg lässt sich nicht so einfach messen.
- Den Teilnehmern sind ganz andere Ziele wichtig.

DREI LERNZIELKATEGORIEN: KOPF, HERZ, HAND

Alle drei sind wichtig, doch Kopf- und Handziele dominieren, weil sie einfacher zu vermitteln und zu messen sind. Das Emotionale bleibt deshalb das Stiefkind unter den Lernzielen.

Wissen:
Kognitive Lernziele

Wollen:
Emotionale Lernziele

Können:
Verhaltensziele

KOGNITIVE LERNZIELE BESCHREIBEN SPEICHER- UND PRÜFBARES KOPFWISSEN. Typische Formulierungen dafür sind »Kennen« und »Wissen«. Mit Wissensabfragen kann man den Lernerfolg gut überprüfen. Deshalb sind die kognitiven Lernziele auch die Lieblingsziele der Trainer und Auftraggeber. Beispiel aus dem Trainer-Training: »Die Teilnehmer kennen fünf Aktivierer für den Lehrvortrag« (vgl. Kapitel 9).

EMOTIONALE (AFFEKTIVE) LERNZIELE BEZIEHEN SICH AUF EINSTELLUNGEN, WERTE, MOTIVE UND GEFÜHLE. »Überzeugt sein« und »Wollen« sind typische Formulierungen für affektive Lernziele. Für den langfristigen Erfolg sind sie zentral. Doch die Zielerreichung ist schwerer zu messen. Beispiel aus dem Trainer-Training: »Die Teilnehmer sind bereit, für einen Aktivierer im Vortrag Zeit zu investieren.«

VERHALTENSZIELE DEFINIEREN, WAS DIE TEILNEHMER ANSCHLIESSEND HANDFEST KÖNNEN. Dazu zählen Handgriffe und Bedienungsabläufe (daher psychomotorisch), aber auch das Anwenden und Umsetzenkönnen. Den Erfolg prüft man mit Verhaltensstichproben. Beispiel aus dem Trainer-Training: »Die Teilnehmer können mindestens drei Aktivierer in ihren Vorträgen sicher einsetzen.«

BEISPIEL »ARBEITSSICHERHEIT«: Das Inhaltspaket »Gefahrenvermeidung an Baustellen« braucht kognitives Fachwissen (Gefahrenarten, Schutzmaßnahmen, …). Damit Sicherheitsmaßnahmen in der Praxis klappen, wird man konkret trainieren (Verhaltenswissen). Doch all das nützt wenig, wenn Sicherheit den Bauarbeitern schnurzegal ist. Emotionale Lernziele würden darauf abzielen, dass Sicherheit »unter die Haut« geht.

RICHT-, GROB- UND FEINZIELE

Man muss es historisch sehen: Anstatt sich an Zielen des Typs »Edel sei der Mensch, hilfreich und gut« abzuarbeiten (und nie zu wissen, ob das erreicht ist), zerlegte man übergeordnete Kursziele kaskadenartig in viele kleine Ziel-Mosaiksteinchen. Für jedes definierte man überprüfbare Messoperationen für die Zielerreichung. Das Ergebnis sind logische Zielkaskaden – vom Richtziel zum Feinziel.

- RICHTZIEL: Das Richtziel gibt die Gesamtrichtung eines Schulungspakets oder eines Schulungstages vor. In einem Sprung erreicht man es nicht, und für die Zielerreichung fehlen präzise Messprozeduren.
- GROBZIELE: Das Richtziel portioniert man deshalb in mehrere Unterziele: die Grobziele. Im Idealfall trägt jedes davon kumuliert zum Erreichen des Richtziels bei. Meist sind auch Grobziele noch großkalibrig. Die Zielerreichung ist nur bedingt messbar.
- FEINZIELE: Deshalb zerlegt man die Grobziele ihrerseits in noch kleinere (besser messbare) Feinziele. Auch hier wieder die Mosaik- und Kaskaden-Idee: Mehrere Feinziele tragen kumuliert zum Erreichen des jeweils übergeordneten Grobziels bei. Bei umfangreichen Schulungen ließe sich diese Ebenen-Portionierung nach unten weiter fortsetzen.

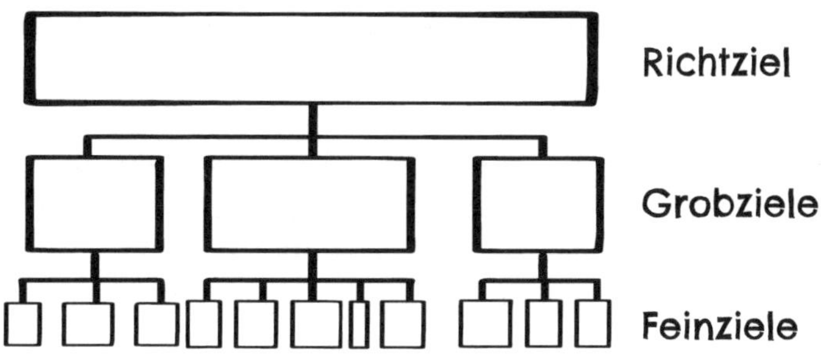

NICHT ALLES IST MESSBAR

Als Denkmodell besticht das Kaskaden-Konzept. Doch der Teufel steckt im Detail: Die logische Ableitung hat Lücken, die Feinziele summieren sich nicht wirklich zum übergeordneten Grob- und Richtziel, das Ganze ist mehr als die Summe der Teile.

OPERATIONALE LERNZIELE BESTEHEN AUS DREI KOMPONENTEN:

- einer handfesten Beschreibung von beobachtbarem Verhalten
- Messbedingungen, unter denen dieses Verhalten gezeigt werden soll (z. B. Prüfung mit oder ohne Verwendung von Unterlagen?)
- einem Maßstab für die Zielerreichung (Sind 80 Prozent Zielerreichung z. B. bereits ein Erfolg?)

DAS OPERATIONALISIEREN IST BEI MANCHEN ZIELEN SCHWIERIGER: Klar umrissene Wissens- und Verhaltensziele lassen sich (relativ) einfach operationalisieren, zum Beispiel die Einweisung ins Bedienen von Flughafen-Gepäckbändern oder das Beherrschen von Gefahrgut-Symbolen. Bei reflexiven und emotionalen Themen wird das komplizierter – beispielsweise bei Kundenorientierung, Führung, Interkultureller Kommunikation, Stressbewältigung oder Konfliktmoderation. Hier spielen Einstellungen, Werte, Motive und Denkimpulse eine wichtigere Rolle.

BEISPIEL »DIE TEILNEHMER KÖNNEN EIGENSTÄNDIG EIN STIMMIGES KURSKONZEPT ENTWICKELN«: Als Ziel klingt das sinnvoll, operational ist es aber nicht. Überprüfbar würde das erst durch die Vorgabe von Unterzielen und Messprozeduren. Die existieren vielleicht in den Köpfen der Trainer oder stehen indirekt in den Ablaufplänen. Wenn alle Beteiligten wissen, was damit gemeint ist, kann das reichen – bilderbuchhaft sauber ist es jedenfalls nicht.

LERNZIELTIEFE, INDIVIDUELLE ZIELE, DISKREPANZ ZWISCHEN LEHR- UND LERNZIELEN

REALISTISCHE LERNZIELTIEFE: Chirurgen sollten Blinddärme hundertprozentig sicher operieren können, bei Hausärzten genügt es, wenn sie einen »Blinddarm-Verdacht« rechtzeitig erkennen und den Betroffenen in die Klinik einweisen. Die Lernzieltiefe ergibt sich aus der Wichtigkeit des Lernziels, der verfügbaren Schulungszeit und dem Lernvermögen der Teilnehmer. Manches sollen sie nur »gehört« haben oder wissen, wo es steht. Anderes sollen sie abrufen, erklären oder anwenden können. Analysieren, Weiterentwickeln und eigenständiges Bewerten gingen noch mehr in die Tiefe. Hochstapler verkaufen »Papiertiger« – Trainingsziele, die sich im gegebenen Rahmen in dieser Tiefe nicht erreichen lassen.

INDIVIDUELLE LERNZIELKATALOGE: Nicht alle lernen das Gleiche! Wenn ich Trainer-Trainings im offenen IHK-Programm oder firmenintern durchführe, kommen Teilnehmer mit unterschiedlicher Vorerfahrung – jeder startet von seiner persönlichen Baseline aus. Diese bunte Mischung tut gut. Aber bei diesem Werkstatt-Ansatz erreicht jeder individuell unterschiedliche Lernziele. Lassen Sie Ihre Teilnehmer ihre persönlichen Lernzielkataloge zeichnen oder schreiben und animieren Sie zwischendurch zum Lernziel-Check.

DISKREPANZ ZWISCHEN LEHR- UND LERNZIELEN: Lehrziele und Lernziele sind nicht immer deckungsgleich. Trainer gehen davon aus, dass ihre Lehrziele auch die Lernziele der Teilnehmer sind. Gut, wenn das halbwegs stimmt. Doch viele Motivationsprobleme in Schulungen rühren daher, dass es sich nicht so verhält. Es lohnt sich, wenn Sie darüber mit Ihren Teilnehmern reden!

WORÜBER MAN SELTEN REDET: HEIMLICHE ZIELE

Über den offiziellen Zielkatalog hinaus gibt es heimliche Ziele: Manche Trainings sind (auch) ein Dankeschön für eine zurückliegende Arbeit oder ein Vorwand für verdeckte Teamentwicklung, andere erhöhen die Attraktivität des Unternehmens für Bewerber oder trösten über versäumte Aufstiegsmöglichkeiten hinweg. Und manch stofflich übervolle Schulung dient (auch) der juristischen Absicherung, um nachweisen zu können, dass gesetzliche Vorgaben vorgetragen wurden. Wenn dann später ein Fehler geschieht, liegt der schwarze Peter beim Teilnehmer – und nicht beim Trainer.

B

Planung und Transfer

4. **Grobplanung:** Den großen Bogen spannen
5. **Feinplanung:** Energie, Struktur, Ablaufpläne
6. **ZI-BO-NUT-Z-IN®:** Unser Medikament für bessere Trainings
7. **Erfolgssicherung und Lerntransfer:** Sichern, ankern, prüfen, tun

4. Grobplanung
Den großen Bogen spannen

Nicht in Details ertrinken! Die Zielentscheidungen sind (halbwegs) gefallen. Für welche Inhalte ist nun Raum – welche bleiben draußen? Welchen »Charakter« soll das Training haben, und welches Format passt da am besten? Welche Planungsparameter stehen schon fest, welche muss man noch klären? Fügen sich all diese Teile halbwegs zu einem Ganzen und passen sie zu den Teilnehmern?

INHALTE AUSWÄHLEN UND STRUKTURIEREN

Leidet Ihr Training an Übergewicht? Nicht alles, was Sie zum Themenfeld wissen, ins Training packen! Lexikon-Perfektionismus führt zu aufgeblähten Trainerleitfäden, Foliensätzen und Mega-Unterlagen, an denen sich später alle mühsam abarbeiten. Weniger Völlerei, mehr Mut zur Lücke!

ABSPECKEN: Auf welche Inhalte würden Sie am ehesten verzichten? Schon bei der Grobplanung den Stoff testweise auf die Hälfte reduzieren – auch wenn dabei viele schöne Inhalte auf der Strecke bleiben. Prüffragen: Wofür und wie oft brauchen die Teilnehmer die Inhalte später? Welche Auswirkungen hätte das Weglassen? Und als Notlösung: Nicht alles in gleicher Tiefe vermitteln. Wo genügt das »Wissen-wo-es-steht«? Was ließe sich medial auslagern?

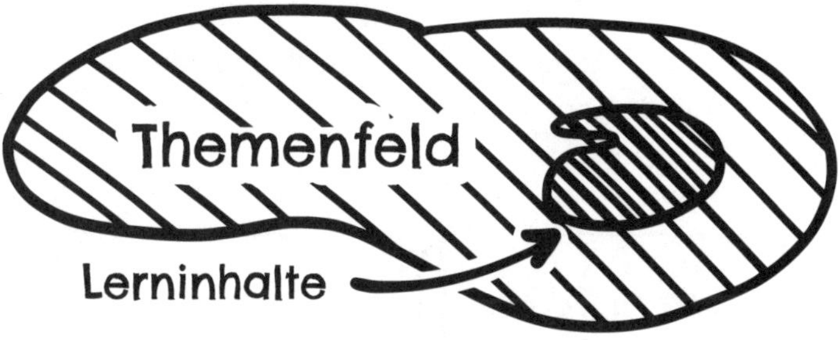

INHALTSSTRUKTUREN MIT POST-IT UND MINDMAP HERAUSARBEITEN: Schon bei der Grobplanung die Lerninhalte mit vielen kleinen Zettelchen oder Mindmap strukturieren! Wie hängen die Themen zusammen? Was ist zentral? Was ist Randthema? Was muss rein? Was muss raus? Vorteil dieser Darstellungsform: Die Anordnung ist jederzeit änderbar und Grundlage für detaillierte Ablaufpläne.

FORMAT-ENTSCHEIDUNGEN

Welchen »Charakter« hat Ihre Lehrveranstaltung? Ist sie Unterweisung, Schulung, Kurs, Training, Workshop, Werkstatt, Lern-Event oder etwas dazwischen? Dominiert »Füttern« oder Beteiligen? Soll alles schnörkellos oder lebendig inszeniert, straff geordnet oder mit offener Planung ablaufen?

FORMAT-ENTSCHEIDUNGEN SIND GLAUBENSFRAGEN: Verehrer des Nürnberger Trichters sehen Lernen als straffe Stoffvermittlung und setzen auf Abfüllen und Pauken. Konstruktivisten geben Wissen nicht einfach »weiter« – für sie entwickelt jeder Lerner aus dem Angebot »seine« Version. Verfechter des entdeckenden Lernens lassen mehr Spielraum, setzen auf Experiment, Überraschung und Diskurs. Für andere sind Erlebnislernen, Neurodidaktik oder Handlungsorientierung die Heilige Kuh.

VIER ARCHAISCHE GRUND-DIMENSIONEN: Aus Predigt, Lehre, Stammesrat sowie Fest und Kult leiten sich fast alle Veranstaltungstypen ab – samt Misch- und Hybridformen.

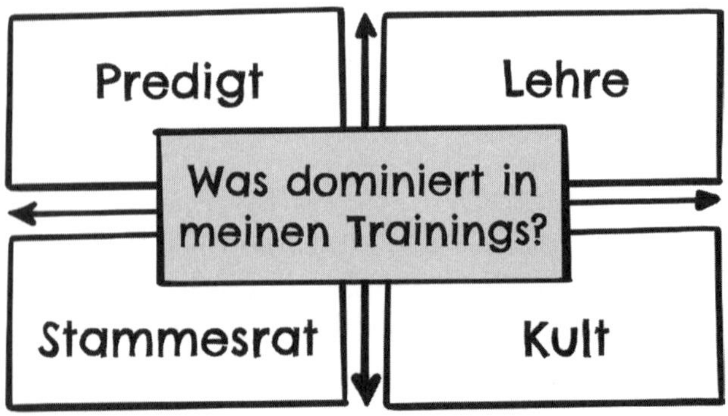

PREDIGT: Gurus verkünden Inputs, das Volk hört zu. Gute Predigten sind kurz, markant und mächtig. Aus dieser Predigerkultur speisen sich Vorlesung, Lehrvortrag und Präsentation samt PowerPoint.

LEHRE: Auch hier geben Wissende klare Inputs. Aber sie setzen nicht nur aufs gesprochene Wort, sondern wiederholen, lassen üben und sichern den Lernerfolg. Pauken, Büffeln, Schulunterricht, Kurs und Training stehen in dieser Tradition.

STAMMESRAT: Es gibt keine eindeutig richtige Lösung. Der »Rat der Weisen« sucht sie gemeinsam und stellt darüber (moderiert) Konsens her. Workshop, Werkstatt-Training und Problemlösender Unterricht gehören zu dieser Grunddimension.

FEST UND KULT: Feier, Theater, Event und Happening gehören zu dieser Gruppe. Erlebnis und Inszenierung haben einen hohen Stellenwert. Erlebnislernen, Outdoortraining und unsere »Inszenierten Lern-Events« haben hier ihre Wurzeln.

FORMATHYBRIDE MIT »ZITATEN« AUS ANDEREN FORMAT-KULTUREN: Reichern Sie Ihr Grundformat »Lehre« mit niedrig dosierten Anleihen aus anderen Formaten an, beispielsweise mit einer flammenden Predigt zwischendurch. Lassen Sie Teilnehmer in Workshops nach Lösungen suchen oder schaffen Sie mit einem Gruppenquiz-Wettkampf (samt Siegerehrung) einen Hauch Event. Zum Showmaster müssen Sie deshalb nicht werden.

5. Feinplanung

Energie, Struktur, Ablaufpläne

Feinplanung jenseits von Methoden und Medien. Tausend Dinge auf die Reihe bekommen: Lernenergie, Portionierung, Reihenfolgen und Spannungsbögen, Orientierungs- und Ankerpunkte, Zeitplanung und Ideen zum »Anders-als-üblich«. Ein Teil davon konkretisiert sich in Leitfäden, Drehbüchern oder Ablaufplänen. Ideal, wenn die noch Spielräume lassen und das Konventionelle nicht dominiert.

LERNENERGIE ALS PLANUNGSDIMENSION

Jeder kennt »hochenergetische« Trainingsphasen mit Wachheit und Lernlust. Andererseits gibt es auch ermüdende Zeiten mit niedriger Lernenergie. Diese Energie speist sich aus Motivation, Inhalten, Methoden und Lernklima. Unterricht in Energietälern hat eine schlechte Lernrendite.

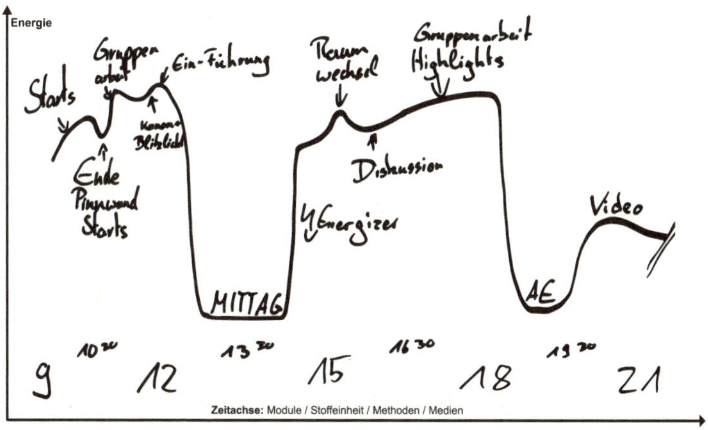

DIE ENERGIE-KURVE ALS PLANUNGSHELFER: Sie veranschaulicht subjektiv erlebte »Energieberge« und »Energietäler« im Lauf eines Tages – bezogen auf Unterrichtsereignisse. Diese Kurve zeichnen Sie bzw. ein Kollege oder Teilnehmer, den Sie darum bitten. Für einen Kurstag trägt man ein, wie wach und aktiv die Teilnehmer zu verschiedenen Zeitpunkten sind. Fürs Neuplanen des Tages interessant: Welche Inhalte, Methoden und Arbeitsformen lösen »Energieberge« und »Energietäler« aus?

DREI STRATEGIEN, DAMIT »ENERGIETÄLER« SELTENER UND WENIGER TIEF SIND: (1) Sie achten auf nützliche, neue und spannende Inhalte und Ziele. (2) Sie setzen auf abwechslungsreiche, aktivierende Methoden und Medien, auf plastische Beispiele und Storys, auf Austausch und

Dialog, auf Pausen und Bewegung. (3) Sie prüfen Ihre mentale »Programmierung«: Was reizt mich an diesen Inhalten, am Trainingsmodul? Das können Sie vielleicht auch Ihren Teilnehmern sagen.

FEINPLANUNG – JENSEITS VON METHODEN UND MEDIEN

Wenn Siemens-Ingenieure früher Kurse entwickelten, dann gab es sofort dicke Foliensätze und im Prinzip nur drei Methoden: Lehrvortrag, Lehrgespräch und Gruppenarbeit. Das ist lange her. Hier Übergeordnetes für Ihre Feinplanung – noch vor Methoden und Medien:

ABWECHSLUNG, RHYTHMUS UND SPANNUNGSBÖGEN EINPLANEN: Theaterstücke und Filme leben davon. Nicht immer das Gleiche in gleicher Weise! Stattdessen Tempo, Methoden und Medien wechseln. Lösungen zeigen, aber auch neugierig machen auf alternative Lösungswege. »Füttern« und dann in Gruppen experimentieren lassen. Hart fordern und dann wieder für Gelächter sorgen und Pausen machen.

MEHR AUF ORIENTIERUNG, STRUKTUR UND VERKNÜPFUNG ACHTEN: Nicht mit der Tür ins Haus fallen! Den roten Faden sichtbar machen. Zusammenhänge herausarbeiten, Neues an Bekanntes anknüpfen, vom Überblick zum Detail kommen, vom Einfachen zum Schwierigen. Bei komplexen Themen vorab Grundprinzip, Schema oder Ablauf erklären – erst dann die Einzelschritte (Spiralprinzip).

LERNLOGIK STATT SACHLOGIK: Nicht immer mit der Theorie starten! Lernlogik zäumt das Pferd von hinten auf, zum Beispiel mit einer praxisnahen Fragestellung oder kurzen Übung zu Beginn (bei der man irgendwann nicht mehr weiterkommt). Dann ist man reif für die Theorie. Diese umgedrehte Reihenfolge nutzen Krimis, die mit der Leiche starten und dann aufrollen, wie es dazu kam.

WHID (= WAS HAB' ICH DAVON?): Also Nutzenorientierung! Dazu gehört auch: Früh informiert sein, Hintergrundwissen bekommen, Zusammenhänge besser durchblicken, schneller Lösungen finden, Fehler oder Umwege vermeiden, Neues kennenlernen.

ERFOLGE ERLEBEN LASSEN: Niemand scheitert gerne. Teilnehmer warten nicht bis zum Sankt-Nimmerleins-Tag, um endlich Erfolge zu erleben. Kleine Häppchen (»Jetzt blicke ich durch!«) wollen sie früher und häufiger. Die gilt es einzuplanen!

SICHERN UND PRÜFEN – NICHT ERST AM TRAININGSENDE: Was wurde wirklich gelernt? Wo täte schnelles Nachbessern gut. Klare Lernbotschaften senden und Zeiten fürs Wiederholen und Anwenden einplanen. Den Transfer bedenken (vgl. Kapitel 7).

AUF PASSUNG PRÜFEN: Alles ganz nett gedacht, aber greift die Feinplanung die »Basic-Needs« auf? Bekommen alle Lerntypen eine Chance? Berücksichtigt die Feinplanung Vorwissen, Lerntempo und persönliche Wünsche (vgl. Kapitel 2)?

ZEITBEDARF UND ZEITPUFFER EINPLANEN: Was dauert voraussichtlich wie lange? Für Unvorhergesehenes, aber auch für Einstieg, Überleitungen und Abschluss Zeit reservieren!

PARAMETER-CHECK: ORGANISATORISCHES UND KONZEPTIONELLES KLÄREN

Trainings setzen sich aus Parametern zusammen, zum Beispiel Raum, Dauer, Zeit, Akteure, Teilnehmer, Erlebnis. Nicht alle stehen schon fest. Gehen Sie diese Checkliste durch – auf der Suche nach Übersehenem oder Ungewöhnlichem.

PARAMETER	AUSGESTALTUNGSMÖGLICHKEITEN DES PARAMETERS
Format, Metaphorik und Name des Trainings	Abfüll-Veranstaltung? Werkstatt? Erlebnis-Orientierung? »Anders als üblich«? 0815-Titel oder setzt der Name des Trainings Akzente? Macht er neugierig?
Ort und Raum	Attraktiver Ort und attraktive Räume? Raumgröße und Raumwirkung: Quadratmeter und Höhe? Möblierung: Stühle, mobile Tische? Gruppenräume: Größe und Entfernung? Fenster und Lüftung? Lärm oder Ruhe? Andere Gruppen vor Ort? Behindertenfreundlich?
Teilnehmer	Klein- oder Großgruppe? Auswahl und Zusammensetzung? Vorwissen, Schulungserfahrung, Lust auf Ungewöhnliches?
Temporäre Gäste	Führungskräfte? Spezialisten, Kunden, Anwender? Ehemalige Absolventen?
Dauer und Arbeitszeiten	Am Stück oder häppchenweise? Marathon oder ganz kurz? Sind Arbeitseinheiten am Abend möglich?
Trainer und Co-Trainer	Herkunft? Jemand mit Stallgeruch? Braucht es überhaupt Trainer?
Pre- und Post-Training	Vorab: Abfragen und Telefonate? Was passiert nach dem Training? Wer kümmert sich darum?
Transfersicherung	Wie? Wer kümmert sich darum?

MÜSSEN TRAININGS ANDERS ALS ÜBLICH SEIN?

Nein! Aber Abweichungen von 08-15 wecken Aufmerksamkeit und hinterlassen Spuren. Wenn Sie Neues suchen, brauchen Sie Ihr Training nicht komplett auf den Kopf zu stellen. Es genügt testweise, einige wenige Parameter zu ändern.

DAS PARAMETER-PRINZIP: Für jeden Parameter sind a) übliche, b) ungewöhnliche und c) »ver-rückte« Ausgestaltungen denkbar. Für den Parameter »Ort« beispielsweise a) Hotel-Seminarraum, b) Werkstatt oder c) Zeltplatz. Oft wählt man für alle Parameter Routinelösungen, etwa den Seminarraum.

SYSTEMATISCH »VER-RÜCKTE« IDEEN SUCHEN: Es genügt, wenn Sie testweise ein oder zwei Parameter auswählen und dafür je zehn ungewöhnliche oder »ver-rückte« Lösungen suchen. Was würde überraschen? Wofür ist die Zeit jetzt noch nicht reif? Was wäre, wenn…? Dabei die Schere im Kopf abstellen! Die weiß immer schon vorab, dass das alles nicht geht.

IDEEN-PRÜFUNG (»WARUM EIGENTLICH NICHT…?«): Kreative Ideen sind noch keine Lösungen. Viele werden nie Wirklichkeit, setzen aber das Denken auf neue Schienen. Jetzt sondieren, was Potenzial verspricht, machbar scheint, die Ziele unterstützt und zu Ihnen und den Teilnehmern passt! Die Lösung »Wie bisher!« läuft Ihnen als eiserne Reserve nicht weg.

FEINPLANUNG: BEISPIELE FÜR ABLAUFPLÄNE

Bei mehreren Akteuren braucht es umfangreichere Pläne mit Spalten für Zeit/Dauer, Inhalte, Methoden, Medien/Materialien und gegebenenfalls Zuständigkeiten. Die Ziele stehen oft im Vorspann.

Hier der Plan für den ersten Halbtag einer firmeninternen Trainer-Werkstatt:

	ZEIT	THEMA/INHALT/METHODE	MATERIAL	WER/WO
1	8:30	STARTS/EINSTIEGE/ANFÄNGE: live erlebt und methodisch kommentiert 1) Aufstellungen (Himmelsrichtungen? Arbeit mit Doka? Erfahrung mit Wissen weitergeben – Jahre?) 2) Mini-Konferenzen (3-er): »ein bis zwei gemeinsame Wünsche« in GA gesammelt – auf DIN-A3 notieren. Dann: »Gruppen stellen ihre Wünsche vor« (Gruppen-Blitzlicht + aufhängen)	SWNO, Min-maxi, Seil DIN-A3 Kartons	WUP PLENUM

2	9:15	INPUT »AKTIVIERER«: Thema: »Fünf Prinzipien des Erwachsenen-lernens« Eine Auswahl Aktivierer erleben – methodisch kommentiert (= Erklärungen)	Pinnwand/ Sammel-wand LIPP Karten	Li WI PLE-NUM
	10:00	KAFFEEPAUSE		
3	10:20	AKTIVIERER TRAINIEREN! DOKA-TRAINING LIVE: Drei parallele Arbeitsgruppen. Jede Drittelgruppe bereitet je zwei 5'-Sequenzen vor zu Doka-Themen. Jede mit zwei neuen/zusätzlichen Aktivierern (überdosiert) anreichern. 20' Vorbereitungszeit 5' Durchführung Sofortiges Feedback (gegebenenfalls virtuelles Video)	Notebooks und Beamer in drei Räumen	Ad Li Wi paral-lel
4	11:30	LESSONS »LÖRND«: 1) Ein Best-of-Ausschnitt aus jeder Gruppe – live als Remake 2) Blitzlicht		WUP PLE-NUM
	12:00	MITTAGESSEN		
5	12:45	ENERGIZER – erlebt und kommentiert		WUP
6	12:50	EIN »KURZER BLICK IN DIE DOKA-MEDIEN-WELT«		Ad

QUICK-AND-DIRTY-ABLAUFPLÄNE: Nicht immer braucht es Tabellen und Spalten. Keep it simple! Manchmal genügen Ablaufpläne im Mindmap-Format oder mit Post-it-Zetteln. Klären Sie, wer Pläne wie detailliert wofür braucht. Lassen Sie Spielraum für Ungeplantes.

6. ZI-BO-NUT-Z-IN®

Unser Medikament für bessere Trainings

Pharma-Wirkstoffe für besseres Lernen? Dass man Teilnehmern ZIBO-NUTZIN® in Tablettenform verabreichen kann, ist geschummelt. Aber fürs Planen von Stundeneinheiten sind unsere fünf »Wirkstoffe« trotzdem hilfreich. Bessern Sie nach, wenn bei Ihnen welche fehlen. Notfalls fragen Sie Ihren Arzt oder Apotheker!

FÜNF WIRKSTOFFE FÜR EINE GESUNDE STUNDENPLANUNG

Ursprünglich haben wir diese Pharma-Wirkstoffe für Präsentationen entwickelt. Aber ZIBONUTZIN bewährt sich auch für die Express-Planung anstehender Stundeneinheiten im Training. Hier unsere fünf Prüffelder:

ZI-ele

Lernziele sind Dreh- und Angelpunkt der Planung. Die Leitfrage: Was soll anschließend anders sein – und wer misst das später mit welchen Kriterien? Die Testprozedur: Ein Teilnehmer durchläuft eine Stunde – was hat sich bei ihm »feinstofflich« verändert? Auch wenn Sie noch kein Messinstrument dafür haben – die Ziel-Frage ist zentral.

BO-tschaft

Die Teilnehmer wollen eine klare Orientierung: Was soll ich tun? Worauf muss ich achten? Was war wichtig? Trainer können da von der Werbung lernen und knackig-prägnante Botschaften entwickeln – als Merksätze für Teilsequenzen! »Brave Trainings gibt's genug – meine werden mutiger!«, wäre so eine Botschaft.

NUT-zen

Was haben die Teilnehmer vom Stoff? Wozu brauchen sie ihn? Nur wenn das für alle klar ist, bleiben sie am Ball. Als Referent arbeiten Sie den Nutzen heraus und machen immer wieder das »WOZU-NUTZ?« deutlich.

Z-ielgruppe

Nutzen und Botschaft müssen zur Zielgruppe passen! Daher im Vorfeld recherchieren: Wer nimmt teil? Was können sie schon? Was erwarten sie vom Training? Keine Planung ohne Teilnehmeranalyse!

IN-halt
Erst jetzt geht es um die Inhaltspakete: Was muss »rein«, um die Lernziele zu erreichen? Vor allem aber: Was muss raus? Hier werden Sie »Tränen des Abschieds weinen«, denn Sie können nicht alles vermitteln.

ZI-BO-NUT-Z-IN®

LernZIele
Was soll später wie „anders“ sein?
Kopf, Herz, Hand?
Lernzieltiefe?

BOtschaften
Kernaussagen, Message, Merkpunkte?

NUTzen
Praxisbezug und Umsetzbarkeit?

Zielgruppe
Vorwissen und Vorerfahrungen?
Erwartungen und Lerntypen?

INhalte
Auswahl, Schwerpunkte,
Tränen des Abschieds?
Muss alles „unterrichtet“ werden?

7. Erfolgssicherung und Lerntransfer

Sichern, ankern, prüfen, tun

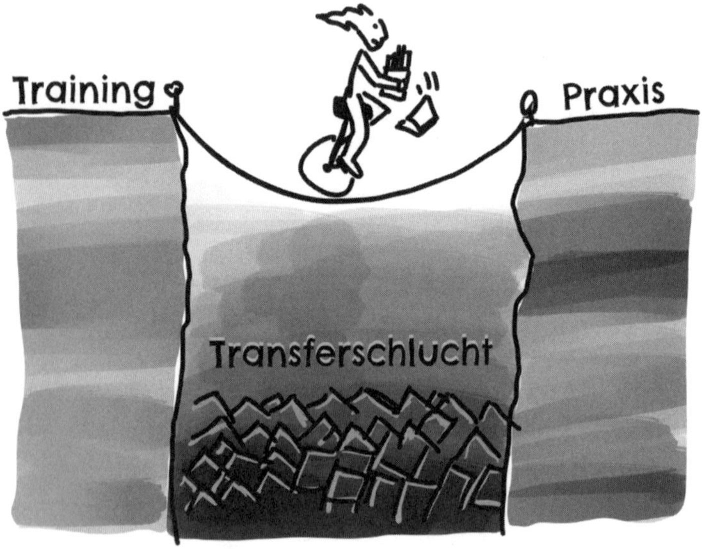

Zwei Welten treffen aufeinander: Erfolgssicherung ist in der Trainingswelt zu Hause und bezeichnet alle flankierenden Maßnahmen (vor, während und nach dem Training), damit ein Lernerfolg eintritt. Lerntransfer orientiert sich an der Arbeitswelt und prüft, was vom Gelernten umgesetzt wird. Transfersicherung unterstützt diesen Prozess. Beides wird man frühzeitig planen – kurz vor Kursende wäre es dafür zu spät.

ZWEI BLICKWINKEL

Sicherung oder Kontrolle? Kontrolle will wissen, was »hinten rauskommt«, ob die Ziele erreicht wurden und ob der Nutzen den Aufwand rechtfertigt. Das sind (berechtigte) Fragen für »Buchhalter«. Sicherung steht für die Zunft der Gärtner. Sie sorgt dafür, dass die »Pflänzchen« anwurzeln, nicht vertrocknen und später Früchte tragen.

ERFOLGS- UND TRANSFERSICHERUNG – GRENZGÄNGER ZWISCHEN TRAININGS- UND ARBEITSWELT: Die beiden Prozesse überlagern und ergänzen sich, doch die Erfolgskriterien sind unterschiedlich. Lernzielsicherung tut alles vor und nach, vor allem aber im Training, um Lernerfolg zu erreichen. Transfersicherung konzentriert sich dagegen auf alles, was längerfristig zum »Geschäftserfolg« beiträgt. Lernerfolg garantiert keinen Transfererfolg.

LERNZIELE ALS MESSLATTE DER ERFOLGSKONTROLLE: Wer den Lernerfolg seines Trainings messen will, braucht handfeste, operationale Lernziele, abgestimmte Erfolgskriterien und vereinbarte Bewertungsregeln (vgl. Kapitel 3). Mit Transfer in die Arbeitswelt hat das nur indirekt zu tun.

TRANSFERBARRIEREN:»Ein Großteil der Schulungsinvestitionen verpufft!«, klagen Unternehmen und haben damit vermutlich recht. Häufige Transferbarrieren: Lerninhalte ohne Bezug zur Arbeit, keine Nachbereitung der Veranstaltungen, keine Zeit, Inhalte umzusetzen, fehlende Akzeptanz bei Vorgesetzten und Kollegen, mangelnde Übung des Gelernten und Zweifel am Nutzen.

ZUSTÄNDIGKEITEN FÜR TRANSFER- UND ERFOLGSSICHERUNG

ERFOLGS- UND TRANSFERSICHERUNG ALS AUFGABE DES TRAINERS: Wie Bergführer sind Trainer (mit) dafür verantwortlich, dass alle heil am Gipfel ankommen. Teilnehmerorientiert klären sie Routen und Zeitplan, sichern, betreuen und achten darauf, dass keiner in den Seilen hängt.

ERFOLGS- UND TRANSFERSICHERUNG ALS AUFGABE DES TEILNEHMERS: Nicht allen ist klar, dass auch sie für den Lern- und Umsetzungserfolg zuständig sind, indem sie schon zu Beginn ihre Ziele und Kriterien klären, unterwegs Etappensiege, Fortschritte oder Defizite checken und notfalls aufs Nachjustieren bestehen.

ERFOLGS- UND TRANSFERSICHERUNG ALS AUFGABE DER FÜHRUNGSKRÄFTE UND AUFTRAGGEBER: Sie definieren den Qualifizierungsbedarf und die Anforderungsprofile, legen fest, wer teilnimmt, sorgen für die Transferfolgenabschätzung. Mit den entsandten Mitarbeitern besprechen sie (hoffentlich) Inhalte, Ziele und Umsetzungsproblematik – vorab und im Nachhinein.

DREI ZEITFENSTER FÜR ERFOLGS- UND TRANSFERSICHERUNG: Im gängigen Sprachgebrauch umfasst Lerntransfer den größeren Zeitraum, beginnt lange vor dem Training und reicht als Prozess bis in den Arbeitsalltag. Drei Zeitfenster bieten Ansatzpunkte: vor, während und nach dem Training.

TRANSFER- UND ERFOLGSSICHERUNG VOR TRAININGSBEGINN

INHALTS- UND ZIELJUSTIERUNG MIT AUFTRAGGEBERN UND CHEFS: Vorab den Qualifizierungsbedarf, die Arbeitsplatzanforderungen und die Ziele ermitteln! Die Umsetzungsmöglichkeiten und die Praxisrele-

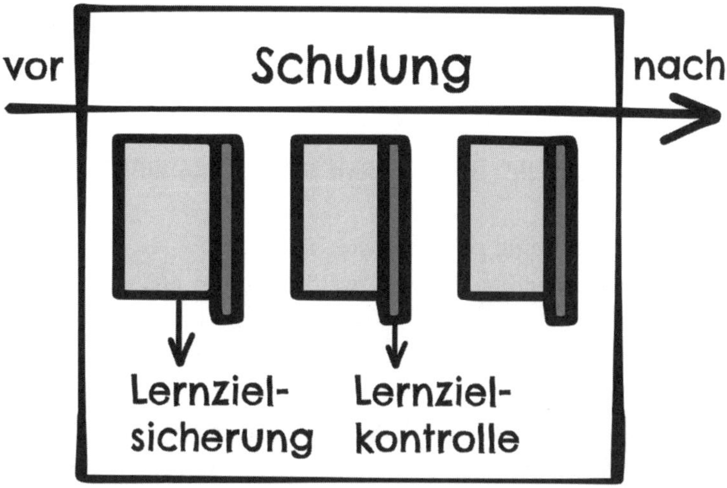

Transfer- und Erfolgssicherung

vanz ausloten. Die Themen »Transfer« und »Transferproblematik« ins Spiel bringen. Zuständigkeiten klären.

TEILNEHMER EINBEZIEHEN: Die Erfahrungen, Fragestellungen und Ziele der Teilnehmer erfragen. Die Themen »Transfer« und »Transferproblematik« ins Spiel bringen.

ENTSENDEGESPRÄCHE ANSTOSSEN: Ideal ist es, wenn Führungskraft und Mitarbeiter vorab Vorbereitungsgespräche über das Trainingsthema und dessen Umsetzung führen.

ATTRAKTIVE ZIELE, REALISTISCHE ERFOLGSKRITERIEN, KLARE BOTSCHAFTEN: Was soll auf alle Fälle hängen bleiben? Da Lernen und Erfolg emotional sind, steigern als nützlich erlebte Ziele die Bereitschaft zur anstrengenden Gipfeltour.

TRANSFERFÖRDERNDE DESIGN-VARIANTEN: Mehrteilige Trainings – mit Hausaufgaben für zwischendurch – und Trainings mit integrierten praxisnahen Lernprojekten setzen frühzeitig auf Transfer.

TRANSFER- UND ERFOLGSSICHERUNG IM TRAINING

Wissensvermittlung ohne gezieltes Sichern und Ankern hat eine niedrige Lernrendite. Trainer und Teilnehmer erkennen mithilfe verschiedener Übungen rasch, was sitzt, wo es noch hakt und wo man nachbessern muss.

TRANSFER ZUM THEMA MACHEN: Kleine Transferchecks zwischendurch, als Tagesabschluss oder am Ende von Lerneinheiten. Oder Back-Home-Tests als Vorbereitung für den Alltag: »Was wird mich hindern, das Erlernte umzusetzen? Was kann ich dagegen tun?« Kurze Szenen und Probehandeln machen das lebendiger, und die Teilnehmer sammeln zwischendurch Transferstrategien und tauschen sich darüber aus.

TRANSFERORIENTIERUNG DURCH PRAXIS- UND HANDLUNGSNÄHE: Die Kluft zwischen Training und späterer Anwendung möglichst klein halten, zum Beispiel mit Beispielen und Praxisfällen der Teilnehmer, mit Fallarbeit, Fallstudien, Rollenspielen oder Planspielen.

ZUM INDIVIDUELLEN REFLEKTIEREN UND SPEICHERN ANREGEN: Zum Mitschreiben animieren, in »One-Minute-Papers« das Wichtigste des Tages und das, was noch offen ist, festhalten, »Spickzettel« für später verfassen, in Ruhe nochmals die Unterlagen durchgehen. Oder die Teilnehmer suchen am Ende des Tages ihre »Erleuchtungsorte« auf und stellen sich im Schulungsraum dort auf, wo sie das Interessanteste gelernt haben.

GEMEINSAMES WIEDERHOLEN UND ZUSAMMENFASSEN: Blitzlicht, Mini-Konferenz, Beantworten von Test- oder Quizfragen sind dafür Methoden, ebenso die »Teilnehmer-Kamera«, mit der Einzelne den Tag fotografisch dokumentieren und das am nächsten Morgen als Diashow zeigen. Manche Kollegen verteilen »Wiederholungsgutscheine«, die Gruppen für eine Wiederholung oder ein klärendes Beispiel einlösen.

ÜBEN UND ERPROBEN: Praxisnahe Anwendungs- und Umsetzungsaufgaben im Training sichern den Lernerfolg oder zeigen, wo es noch hakt.

VORBEUGENDE ERINNERUNG FÜR SPÄTER: Eine Variante ist der »Brief an mich«, in dem jeder Teilnehmer seine wichtigsten Merkpunkte aufschreibt und den er am Schluss in einen Umschlag steckt (mit Heimatadresse und Briefmarke). Zwei Monate später kommt dieser Brief dann überraschend per Post zum Schreiber. Die spätere Umsetzung unterstützen auch kleine Merkzettel für die Hosentasche, das Portemonnaie oder die Schreibtischschublade, konkrete öffentliche Abschluss-Commitments oder »Back-Home-Übungen« (»So wird es sein, wenn ich das Erlernte umsetze«).

TRANSFER- UND ERFOLGSSICHERUNG NACH TRAININGSENDE

VIELE TRAININGS SCHEITERN NACH DEM TRAINING: Ein kritischer Zeitpunkt – die Trainer fühlen sich für die Umsetzung in der Arbeitswelt nicht verantwortlich, die Teilnehmer holt der Arbeitsalltag wieder ein, ihre guten Vorsätze scheitern an hundert Kleinigkeiten, und wer nicht teilgenommen hat, steht den Neuerungen reserviert gegenüber. Vor allem aber haben viele Führungskräfte noch gar nicht registriert, dass spätestens jetzt sie gefragt sind. Im Idealfall wurden die Zuständigkeiten schon bei der Auftragsklärung besprochen.

WIE KÖNNEN TRAINER IM NACHHINEIN FLANKIEREND UNTERSTÜTZEN? In Telefonaten oder Nachfass-Mails an Teilnehmer und Auftraggeber fragen, was wie umgesetzt werden konnte – oder eben nicht. Das ist auch für die Weiterentwicklung des Trainings ein Gewinn. Trainingsdokumentationen halten Ergebnisse oder Kernaussagen in Text und Fotos fest. Die Teilnehmer bekommen sie nach dem Training als Erinnerungsschub. Alumni-Netzwerke oder schon im Training etablierte Lernpartner tauschen sich zu vereinbarten Zeitpunkten über die Umsetzung des Gelernten aus. Lernpaten oder Transfercoaches stehen als Ansprechpartner für die Umsetzung des Gelernten bereit. Und es gibt Nachbereitungsgespräche mit Teilnehmern, Kollegen und Führungskräften.

Sag ihnen, was du sagen willst, sag es und sag, was du gesagt hast.

C

Methoden und Funktionen

8. **Methodenwahl:** Von den Zielen und Funktionen her denken
9. **Teilnehmer klug abfüllen:** Inszenierter Lehrvortrag und Expertenbefragung
10. **Teilnehmer zum Reden bringen:** Lehrgespräch und Diskussion
11. **Sammeln, sortieren, bewerten:** Blitzlicht, Zurufliste, Kartenabfrage, Punkten
12. **Gruppen-Power nutzen:** Tandems, Mini-Konferenz, Gruppenarbeit
13. **Rein ins wirkliche Leben:** Theorie und Praxis verzahnen!
14. **Am Rechner trainieren:** PC-Anwendungen schulen
15. **Den Ernstfall simulieren:** Rollenspiel, Szene, Planspiel
16. **Stationenlernen:** Lernzirkel, Lernen durch Lehren, Schwarzmarkt und World-Café
17. **Anfangen und Aufhören:** Einstieg, Überleitung, Schluss

8. Methodenwahl

Von den Zielen und Funktionen her denken!

Methodenwahl ist kein Glückspiel!

Wenn ein Handwerker nur mit einem Hammer zur Reparatur kommt, sind Sie zu Recht skeptisch. Und wenn Dozenten immerzu Folien an die Wand werfen, ist auch das ein »Hammer«. Der Trainer-Werkzeugkoffer hätte viel mehr zu bieten. Allerdings sind Methodenwahl, Methodenmix und »aktivierende« Methoden kein Selbstzweck – es geht um Lernprozess, Lernlust und Lernerfolg.

NICHT NUR IN METHODEN DENKEN

ENGAGIERTE TRAINER SIND VERFÜHRBAR: Professionelle Werkzeugkoffer sind voller Methoden und reizvoller Varianten. Engagierte Trainer animiert das zur Jagd auf die »aktivierendsten« und tollsten Methoden. Diese bunte Vielfalt hat ihren Reiz, ist aber kein solides Kriterium für die Methodenwahl. Wichtiger sind die Fragen: Was passt am besten zu den Lernzielen, Teilnehmern und Rahmenbedingungen? Was bringt den Lernprozess voran? Was verspricht Lernerfolg und Transfer?

NEUEINSTEIGER ERTRINKEN IN DER METHODENVIELFALT: Sie beschränken sich dann entweder auf den Musik-von-vorn-Klassiker »Lehrvortrag plus Folien« oder wählen eher zufällig einen »bunten Vogel« aus. Für Methodenentscheidungen braucht es nicht nur einen vollen Werkzeugkoffer, sondern auch Wahlkriterien. Wir sehen die vor allem in den Funktionen.

VON DER METHODEN-EBENE ZUR FUNKTIONS-EBENE

FUNKTIONEN ALS KRITERIEN BEI DER METHODENWAHL: Trainings sind eine Abfolge von Modulen, Stundeneinheiten, Inhalten und Methoden. Wenn Sie davon abstrahieren und die Funktionsbrille aufsetzen, sind Schulungen eine Kette vieler unterschiedlich großer Funktionsschritte. Jeder dieser Schritte erfüllt Prozessfunktionen, zum Beispiel Orientieren, Input einbringen, Teilnehmer wachhalten, Teilnehmer zum Reden bringen, Lösungswege sammeln, Erfahrungen austauschen, ordnen, üben, vertiefen, wiederholen, die Praxis hereinholen, lockern, ermutigen. Die funktionsorientierte Planungsfrage lautet: »Was soll der nächste Schritt (inhaltsneutral) erreichen?«

Betrachten Sie zum Beispiel den Einstieg in Ihr nächstes Training. Vermutlich stehen da folgende Funktionsschritte an: Orientierung geben + Vorstellung des Trainers + Teilnehmer lernen sich gegenseitig kennen + Arbeitsstil vorstellen + Ablauf und Zeiten klären + Erfahrungen und Fragestellungen sammeln + Input einspeisen + anwenden + aktivieren usw.

DEN TRAININGSABLAUF ALS FUNKTIONSKETTE PLANEN: Erst wenn Ihre Funktionskette steht, suchen Sie im zweiten Schritt Methoden. Welche Tools oder Methodenvarianten bedienen die angepeilten Funktionen am besten? Erst wenn das Wozu klar ist, nach dem Wie suchen!

DIE STRATEGIE-EBENE BEI DER METHODENWAHL

LEHR-LERN-STRATEGIEN: Über den Methoden und Funktionen stehen übergeordnete Strategien. Die besagen beispielsweise, dass körperliche Bewegung geistige stimuliert oder dass es lernpsychologisch sinnvoll ist, die »Basic Needs« der Teilnehmer zu berücksichtigen (vgl. Kapitel 2).

EIN BEISPIEL FÜR DIE METHODEN-FUNKTIONS-STRATEGIE-EBENEN: Auf der Inhalts- und Methodenebene arbeitet eine Kartenabfrage im Training einem Lernziel zu, es werden Karten verwendet und dabei Ablauf-Algorithmen befolgt. Auf der Funktionsebene dient diese Kartenabfrage dem Sammeln von Ideen und Erfahrungen der Teilnehmer. Hinter diesem Sammeln wiederum steht die übergeordnete Strategie, dass es klug und lernunterstützend sei, Beiträge und Erfahrungen von Teilnehmern aufzugreifen und zu nutzen.

WAS BEI DER METHODENENTSCHEIDUNG EINE ROLLE SPIELT

Nicht alles zum Einsatz bringen! Kein Methodenzirkus! Methoden sind Werkzeuge, kein Selbstzweck.

EIGNEN SICH DIE METHODEN FÜR DIE LERNZIELE? Für kognitive, emotionale (affektive) und verhaltensbezogene Lernziele passen nicht alle Methoden gleich gut.

PASSEN DIE METHODEN ZUM KLIENTEL? Was Azubis begeistert, kann Führungskräfte, Ingenieure oder gestandene Worker irritieren. Manche wollen gefüttert werden und nicht alles erarbeiten. Die häufigste Methodenbremse ist jedoch die Angst des Trainers vor einem mutigen »Anders-als-üblich«.

IST DIE METHODE BEREITS »VERBRANNT«? »Nicht schon wieder…«, stöhnen die Teilnehmer. Auch prinzipiell attraktive Methoden verschleißen und verlieren – mehrfach angewandt – an Energie. Für die angepeilte Funktion wählen Sie dann andere Methoden oder Methodenvarianten. Und es braucht die Balance zwischen »konventionell« und »anders als üblich«.

ENERGIELEVEL VARIIEREN: Nach einer nachdenklich-ruhigen Session könnte Aktivierendes guttun. Nach viel Action und Bewegung sind eher Ruhe, Sitzen und Input angesagt.

WELCHES IMAGE HAT DIE METHODE? Vorerfahrung, Benennung und Inszenierung lassen für Teilnehmer manches altertümlich erscheinen und anderes innovativ. So sind viele digitale Werkzeuge didaktisch altbacken, aber ihre »neue« Oberfläche hebt den Signalwert.

VERSPRICHT DIE METHODE »QUICK WIN«? Zeit-, Vorbereitungs-, Material- und Raumbedarf sind pragmatische Entscheidungskriterien.

9. Teilnehmer klug abfüllen

Inszenierter Lehrvortrag und Expertenbefragung

Schulungsteilnehmer erwarten von Dozenten Inputs. Nicht alles wollen sie erarbeiten. Als Methode wäre der Lehrvortrag dafür ideal, doch oft dauert der zu lange, hat zu viele Folien und ermüdet. Am Ende bleibt erschreckend wenig hängen. Wir peppen ihn auf, setzen auf »Mini-Inszenierung« und methodische Alternativen. Dann heißt es seltener: »Wenn alles schläft und einer spricht, dann nennt man dieses Unterricht!«

DAS ZWÖLF-MINUTEN-HÄPPCHEN-PRINZIP

VOM VORTRAG ZUM WEGTRAG: Ihr Vortrag ist nicht entscheidend – es geht um den »Wegtrag« durch die Teilnehmer. Frontalunterricht und Folienschlacht schneiden da selten gut ab. Aber wenn schon, dann wenigstens kurze, knappe Impulse, die zum Zuhören und Nachdenken anregen, aufgelockert mit kurzen Mini-Inszenierungen.

Die Zuhör-Energie sinkt von Folie zu Folie. Darum Monologe auf rund zwölf Minuten begrenzen und dann einen schnellen »Unterbrecher« setzen, zum Beispiel eine Methoden- oder Medienvariation. Das macht die Köpfe wieder frei – gegebenenfalls fürs nächste 12-Minuten-Paket. Auf die Sekunde kommt es da nicht an.

MONOLOGISCHE INSZENIERUNG BELEBT IHREN VORTRAG

Diese schnellen, kleinen Aktivierer sind für uns »monologische Inszenierungen«, weil die Teilnehmer während des Lehrvortrags Energie hochfahren, obwohl sie nur zuhören.

PROLOG ALS STARTER: Im Theater tritt noch vor Beginn der Aufführung jemand vor den Vorhang und stimmt das Publikum darauf ein, was nun kommen wird. Erst dann geht es los. Solche orientierenden oder Neugier weckenden Starter beleben auch Ihren Vortrag – einen Vorhang brauchen Sie dazu nicht.

STORYTELLING: Geschichten hören alle für ihr Leben gern. Ein anschaulich erzähltes Beispiel oder eine Episode machen Inhalte plastisch (»Sehen mit den Ohren«). Besonders raffiniert: eine durchgehende Rahmenhandlung des Typs »Hat Frau Müller recht?«. Storys frühzeitig bringen, sonst haben Sie nichts vom Energiegewinn.

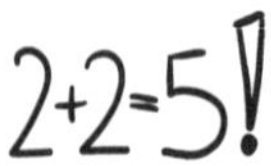

ANTICHRIST / KOPFSTAND: Sie starten mit einer provokanten Gegenthese und kosten die Überraschung aus. Dann rasch zur These wechseln, die Sie vermitteln wollen. Profis machen die konträren Positionen auch räumlich deutlich – da genügen schon ein paar Schritte zwischen Standpunkt »kontra« und Standpunkt »pro«.

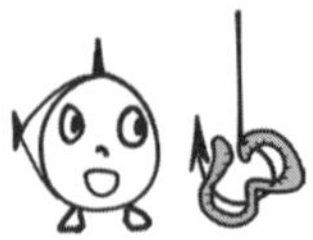

NUTZENLOCKER (DAS KÖDERPRINZIP): Zuhörer spitzen die Ohren, wenn sie mitbekommen, wozu die nächste Folie oder der nächste Sachverhalt gut ist. Prüfen Sie Ihre Nutzen-Köder: Die müssen dem Fisch schmecken, nicht dem Angler!

DIALOGISCHE INSZENIERUNG BEZIEHT DIE TEILNEHMER EIN

Das 12-Minuten-Prinzip setzt auf kurze, aktivierende Unterbrechungen. Ergänzend zu den monologischen bringen schnelle dialogische Mini-Inszenierungen Teilnehmer in Aktion (manche sind die kleinen Geschwisterchen größerer Methoden).

HANDZEICHENFRAGE: »Wer von Ihnen hat...? Bitte Handzeichen!« Die Frage muss unverfänglich sein, und viele sollen reagieren können. Notfalls die Frage wiederholen, nochmals um Handzeichen bitten und selbst exemplarisch die Hand heben. Dann tun das auch mehr Teilnehmer.

VARIANTE TRICHTERTECHNIK: Bis zu drei Fragen hintereinander stellen. Die erste Frage ist einfach (fast alle können sich melden), die Folgefragen sind anspruchsvoller und führen ins Herz des Themas.

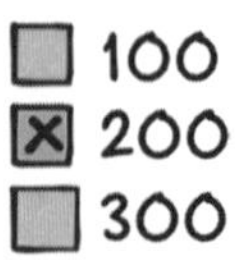

MULTIPLE-CHOICE-FRAGE: Auf Folie oder Flip stehen für eine Bewertungsfrage drei Antworten zur Wahl. Die Teilnehmergruppen entscheiden sich für »ihre« Lösung und begründen das.

FARB-ABFRAGE (FARB-TED): Die Antwort-Alternativen sind farbig markiert. Jede Tischgruppe hat Karten dieser Farben und berät sich in einer kurzen Mini-Konferenz. Zur Abstimmung hebt jeweils einer aus der Gruppe die gewählte Farbkarte hoch.

ALTERNATIV-FRAGEN: »Wofür entscheiden Sie sich: für X oder für Y? Warum?«

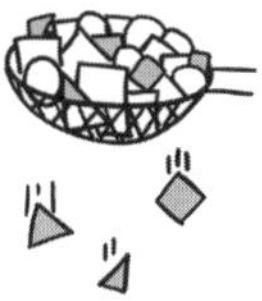

MIT KARTEN ARBEITEN: Auf großen DIN-A3- oder DIN-A4-Karten steht jeweils eine Aussage. Mehrere Varianten sind möglich:

SIEBMETHODE: Einige Karten passen nicht zu den anderen. Die Kleingruppen finden schnell heraus, was richtig oder falsch ist. Begründungen erfragen!

RICHTIG VERSUS FALSCH: Alle Karten werden gemeinsam diesen Kategorien zugeordnet.

»IN REIHE BRINGEN«: Die Einzelschritte einer anspruchsvollen Prozesskette stehen ungeordnet auf großen Karten. Die Teilnehmer finden dafür die richtige Reihenfolge – samt Begründung.

»KOPFNÜSSE« ALS KNIFFEL- UND KNOBELFRAGEN: Eine anspruchsvolle, schwer lösbare Frage in den Raum stellen und um Lösungsideen bitten. Gut kombinierbar mit Mini-Konferenz. Lange darf das nicht dauern, sonst werden alle depressiv.

MINI-KONFERENZ: Schneller Austausch ohne Platzwechsel. Sich mit dem Sitznachbarn, dem Vorder- oder Hintermann schnell abstimmen, um auf eine Frage Antworten finden. Fürs Aktivieren genügen zwei Minuten. Nicht zu komplex fragen. Hieß früher »Murmelgruppe« (Buzz-Group) – aber das klingt nach Grundschule (vgl. Kapitel 12).

MIKROFON-ÜBERFALL (BEI VIELEN TEILNEHMERN): Nach einer kurzen Mini-Konferenz ausgewählte Gruppen exemplarisch zu ihrem Ergebnis interviewen. Ein dicker Filzstift dient als fiktives Handmikro (das erlaubt schnelle Wechsel – soll ja keine Prüfung werden). Weil es Gruppenlösungen sind, droht bei falschen Antworten kein Gesichtsverlust.

MINI-PRÜFUNG / »TEST«: Am Ende eines Inputs den Beamer »schwarz« stellen, das Reizwort »Test« fallen lassen, einige Sekunden warten. Dann kommt: »Sie müssten jetzt folgende Fragen beantworten können…« oder »Ich blende mal die Folie aus und Sie testen, ob Sie alle fünf Punkte zusammenbringen.« Die Auflösung zeigen Sie anschließend. Sie wollen ja nicht prüfen, sondern aktivieren. Geht gut als Mini-Konferenz.

EXPRESS-FRAGEN UND EXPRESS-ANTWORTEN: Den Input portionieren und vor dem nächsten Themenblock fragen, was noch rasch geklärt werden soll, damit der Kopf wieder frei ist. Das zerlegt umfangreiche Infopakete in leichter verdauliche Happen und hält die Leute wach. Vorsicht: Nicht sofort in die Diskussion einsteigen.

RÄUMLICHE INSZENIERUNG: BEWEGUNG ALS PRINZIP

DER DOZENT BEWEGT SICH IM RAUM: Standortwechsel! Nicht die ganze Zeit als »Pattex-Referent« angeklebt vorne stehen oder sich hinterm Rechner verschanzen. Gehen Sie ins Publikum – mit einem Presenter können Sie Folien auch aus der Entfernung weiterschalten! Verschiedene Standpunkte lassen sich räumlich abbilden: Sie stehen dann mal vorne links (These 1) und vorne rechts (These 2). Im Idealfall sind da auch jeweils die passenden Poster.

DIE »EIN-FÜHRUNG« – LEHRVORTRAG IN BEWEGUNG: Die Sprache weiß noch um Bewegung und Räumlichkeit: Man »stellt Themen in den Raum«, spricht von »Milestones«, »führt ins Thema ein« oder »geht Themen durch«. Die »Poster-Ein-Führung« passt zum Beispiel für Kurseinstiege und Zwischenstarts ins nächste Themenfeld (vgl. Kapitel 22). Poster visualisieren die zentralen Aussagen. Der Trainer führt alle von Poster zu Poster und erklärt dort jeweils die Sachverhalte – wie bei einer Museumsführung (bis zu vier Poster und alles zusammen maximal 15 Minuten). Verständnisfragen sofort klären, Vertiefung und Diskussion dann im Sitzen. Die Plakate bleiben anschließend noch sichtbar.

EXPERTENBEFRAGUNG: DIE GRUPPE HOLT SICH, WAS SIE BRAUCHT

»VORTRAG ON DEMAND« – DAS WUNSCHKONZERT: Ein Fachexperte oder Geschäftsführer ist als Gast eingeladen. Statt den einfach vortragen zu lassen, dreht man den Spieß um: Die Teilnehmer sammeln vorab, was sie wissen wollen, und der Gast antwortet im straffen Zeittakt.

WIE LÄUFT DAS AB? Kleingruppen sammeln ihre wichtigsten Fragen auf DIN-A4-Karten und nadeln die an eine Pinnwand (zehn bis zwölf Karten in Summe). Die Zeit fürs Karten-Clustern sparen wir uns und überlassen die Reihenfolge dem Experten. Der beantwortet alle Fragen kurz und knapp (je drei bis vier Minuten). Abgearbeitete Karten bekommen einen Klebepunkt – das erleichtert den Überblick. Was in vier Minuten noch nicht beantwortet ist, bleibt momentan offen, und es geht mit der nächsten Frage weiter. Nach dem ersten schnellen Durchgang kommt man auf offene Punkte zurück und kann dann auch diskutieren.

EXPERTENBEFRAGUNG MIT DEM TRAINER: Es geht auch ohne Gast. Vieles können die Trainer beantworten. Das läuft nach dem gleichen Prinzip. Typische Fragestellungen: »Was wir zum Thema X unbedingt wissen wollen« oder »Das hätten wir gerne nochmals kurz wiederholt«.

DAS STEHTISCH-INTERVIEW ALS KLEINE INPUT-VARIANTE: Ein Inputgeber, ein Thema, ein Stehtisch und ein moderierender Trainer. Im Vorfeld mit dem Gast die Teilthemen absprechen. Die bringen Sie in Etappen ins Spiel und der Gast hält seinen Vortrag entsprechend portioniert. Stilistisch pendelt das zwischen straffem Interview und lockerem Gespräch, und Sie können zwischendurch auch die Teilnehmer kurz einbeziehen. Das Interview-Format lockert auf und Sie haben Thema, Zeit und den Gastredner im Griff.

INPUT DURCH TEILNEHMER UND MEDIEN

ES MUSS NICHT IMMER TRAINER SEIN: Bei »Input ins Plenum bringen« fallen allen zuerst die trainerzentrierten Monologmethoden ein. Eigentlich schade, denn auch viele Teilnehmer haben Spezialwissen oder eignen sich das nach entsprechender Vorbereitung an. Präsentationen einzelner Teilnehmer sind denkbar, Stehtisch-Interviews oder Ergebnisse von Gruppenarbeit kommen ins Plenum. Die Methode »Lernen durch Lehren« (vgl. Kapitel 16) kultiviert diesen kollegialen Lernprozess ganz besonders.

MEDIALE ALTERNATIVE ZUM »TRAINER-MONOLOG«: Es muss nicht immer Musik von vorne sein. Lernprogramme, Lehrvideos, Lerntexte oder Recherchen im Netz bringen ebenfalls Input ins Plenum und lassen sich durchaus in klassische Trainings oder Schulungen integrieren (vgl. Kapitel 20).

10. Teilnehmer zum Reden bringen

Lehrgespräch und Diskussion

Stumme Teilnehmer sind unkalkulierbar: Haben die alles verstanden? Sind die bei der Sache? Was geht denen durch den Kopf? Schon seit Sokrates sind Sprechimpulse Lockmittel fürs Nachdenken und Reden. Trainer können zum Beispiel ein Problem schildern und Lösungsvorschläge sammeln, um Bewertungen bitten, Prozess-Schritte erfragen. Und in Diskussionen kommen Teilnehmer auch untereinander ins Gespräch.

DIALOGISCHER UNTERRICHT: FRAGEN UND SPRECHIMPULSE ALS ANREIZ

LEHR- UND UNTERRICHTSGESPRÄCH: Teilnehmer bringen Sie zum Beispiel mit Blitzlicht, Zurufliste, Diskussion, Gruppenarbeit, Rollenspiel oder beim Stationenlernen zum Reden (vgl. Kapitel 16). Auch die Dialog-Klassiker »Lehrgespräch« und »Unterrichtsgespräch« gehören auf alle Fälle in Ihren Werkzeugkoffer. Das Lehrgespräch setzt aufs Frage-Antwort-Spiel zwischen Dozent und einzelnen Teilnehmern und erinnert an den Schulunterricht. Beim Unterrichtsgespräch reden die Teilnehmer auch untereinander.

GESCHLOSSENE UND OFFENE FRAGEN, SPRECHIMPULSE, WORTRENDITEN: Nicht auf Fragen warten, sondern mit möglichst wenig Trainer-Worten möglichst viele Teilnehmer-Worte herauskitzeln. *Geschlossene Fragen* zielen auf eine Zahl oder auf die Antwortmöglichkeiten Ja/Nein, Richtig/Falsch, Links/Rechts, Höher/Niedriger. Die Teilnehmer sagen da nicht viel, aber die Themen kommen auf den Punkt. Ein Beispiel: »Kennen Sie unser ›Mini-Handbuch Vortrag und Präsentation‹?« *Offene Fragen (W-Fragen)* eröffnen Gespräche: Bei Warum-, Wie- oder Was-Fragen ist es mit Ja- oder Nein-Antworten nicht getan. Ein Beispiel: »In welchen Situationen setzen Sie W-Fragen ein?« *Sprechimpulse* sind Redeaufforderungen ohne formales Fragezeichen. Zum Beispiel eine Problem- oder Situationsschilderung, ein mitgebrachter Gegenstand, manchmal auch ein Foto. Der Zusatz »Ich habe Ihnen da etwas mitgebracht« plus Sprechpause und Blickkontakt in die Runde signalisieren, dass Sie eine Reaktion erwarten.

KILLERLISTE:
VIELE »GUTE« GRÜNDE, WARUM NIEMAND REAGIERT

GRUNDSCHUL- UND NOBELPREIS-FRAGEN: Auf zu simplem Niveau will sich niemand vorführen lassen. Auf die Frage »Was ist 1 + 1?« antworten beispielsweise fast alle mit »3«. Auch Nobelpreis-Fragen verstimmen emotional, weil niemand darauf eine Antwort weiß.

KETTENFRAGEN: Mehrere Fragen hintereinander setzen schachmatt – man weiß nicht, auf welchen Frageteil man antworten soll. Also »Wie viele Fragen in Serie sind klug, in welcher Reihenfolge sollten sie gestellt werden, und was tun, wenn diese Fragenkette alle schachmatt setzt?« Was antworten Sie jetzt?

NAMENTLICH AUFRUFEN: Das erinnert sehr an Schule (außer Sie fragen, wie das im Bereich X gelöst wird). Wenn überhaupt, dann zuerst die Frage an alle stellen und erst dann den Namen nennen. Andernfalls steht nur der Aufgerufene unter Strom – alle anderen haben Entwarnung.

DISZIPLINIERENDES AUFRUFEN: Wer Störer, Besserwisser oder Schläfer so aufruft, dass sie vor der Gruppe scheitern, schafft sich Feinde und versaut das Klima.

RHETORISCHE FRAGEN: Sprecher stimulieren mit diesem Stilmittel das Nachdenken, allerdings beantwortet sich ihre Frage nach einer nur minimalen Nachdenkpause selbst. Das Risiko: Die Teilnehmer gewöhnen sich daran, dass alle Fragen rhetorisch sind.

TIPPS AUS DEM DIALOG-NÄHKÄSTCHEN

21, 22, 23, 24, 25 – SPRECHPAUSEN SIND DENKPAUSEN: An die fünf Sekunden dauert es, bis auf eine Frage die erste Antwort kommt – für Trainer eine Ewigkeit. Der Tipp: Frage stellen, freundlich in die Runde schauen, innerlich 21, 22, 23, 24, 25 zählen und warten! Keine umformulierte Variante der Ausgangsfrage nachschieben – das zerstört aufkeimende Antworten.

FIXIERUNGEN VERMEIDEN: Nicht auf den ersten Schnell-Antworter reagieren. Mit dem Blickkontakt nicht zu lange bei einer Person bleiben – die erlebt das als Sprechaufforderung.

DREISCHRITT FRAGE – ANTWORT – QUITTUNG: Antworten dürfen nicht im Nichts verpuffen! Die Teilnehmer erwarten »Trainer-Quittungen«: ein Nicken, ein kurzes »Ja«, ein Zusammenfassen der Aussage, eine Notiz am Flipchart oder das Aufgreifen des Gedankens.

»FALSCHE« ANTWORTEN: Nicht abwerten, sonst redet keiner mehr. Stattdessen zweigeteiltes Feedback: erstens eine freundliche »Quittung« dafür, dass überhaupt geantwortet wurde; zweitens eine inhaltliche Klarstellung. Beispielsweise sagen Sie, dass diese Antwort häufiger kommt, aber leider nicht stimmt. Sie können Ihre Frage mit einem Zusatztipp wiederholen oder selbst die richtige Antwort geben. Vielleicht schieben Sie noch Inhalt nach oder bitten alle Teilnehmer um Unterstützung. Das Prinzip: das Gesicht wahren helfen!

NIEMAND ANTWORTET – TROTZ NACHDENKZEIT: Frage wiederholen, einfacher stellen, gegebenenfalls selbst beantworten. Oder Sie wechseln auf die Meta-Ebene: »Oh! Jetzt sagt niemand was. An was liegt das?« (Jetzt eine Sprechpause.) Den schwarzen Peter bei ausbleibenden Antworten nicht den Teilnehmern zuschieben. Die sind nicht doof – die Frage war falsch gestellt.

DIE TEILNEHMER ZUM FRAGEN ERMUTIGEN: Beispielsweise durch Q- und A-Sessions (Questions and Answers) für alle offenen Fragen oder durch einen Fragewettbewerb: Gruppen sammeln die besten oder trickreichsten Fragen zum Stoff – zwischendurch eingestreut oder als Mini-Quiz.

DREI DISKUSSIONSFORMEN IM PLENUM

Wenn Vergleichen, Bewerten, Argumentieren, Vertiefen oder das Ausloten von Standpunkten Lernziel sind, machen Diskussionen im Unterricht Sinn. Doch die sind nicht einfach zu steuern, fressen Zeit und aktivieren nur einen Teil des Publikums.

1) OFFENE DISKUSSIONSRUNDE IM PLENUM: Mit einem Impuls, einem Beispiel oder mit Widersprüchen eine Diskussion vom Zaun brechen, diese moderieren und dabei den roten Faden, die Lernziele, die Zeit und den Energiepegel aller Teilnehmer im Blick haben, lieber zu früh als zu spät abbrechen und am Ende eine verbindende Klammer für alle Diskussionsbeiträge finden – das ist hohe Kunst!

2) FISHBOWL-DISKUSSION BEI GROSSER TEILNEHMERZAHL: Bei dieser »Aquariums-Methode« diskutiert ein kleiner Innenkreis (Fishbowl = Aquarium) ein facettenreiches Thema. Die restlichen Teil-

nehmer sitzen als Zuhörer im Außenkreis. Aber die Kreise sind durchlässig: Wer von außen zwischendurch mitreden will, wechselt nach innen – im Gegenzug muss einer nach außen, damit weitere Wechsel möglich bleiben. Der Trainer moderiert im Innenkreis. In Trainings dauert eine Fishbowl-Diskussion selten länger als zehn Minuten. Der Ablauf im Detail:

- Einführung: Thema und Methode erklären
- Stühle aufstellen: drei bis fünf Stühle im Innenkreis für die Diskutanten; alle anderen Stühle stehen im Außenkreis für die Zuhörer
- Diskutanten nehmen im Innenkreis Platz: ein Stuhl bleibt innen für mögliche Wechsel frei
- Diskussion im Innenkreis: der Trainer moderiert
- Neuer Diskutant aus dem Außenkreis: wechselt auf den freien Stuhl im Innenkreis; dafür muss einer von innen nach außen.
- Innenkreis diskutiert weiter: weitere Wechsel sind möglich
- Zusammenfassung der Diskussion: durch den Trainer

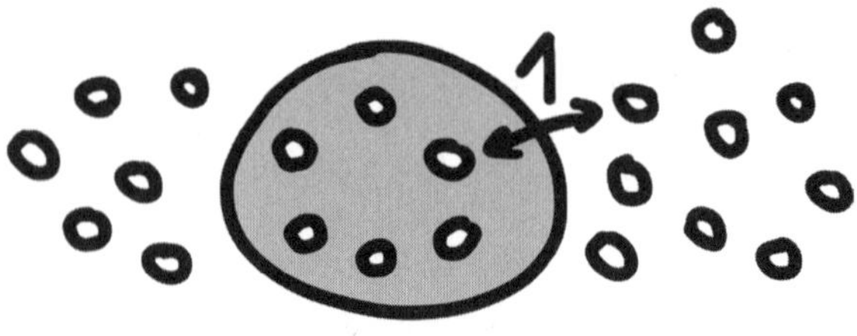

3) PRO-KONTRA-DISKUSSION IM PLENUM: Per Los zwei oder mehr gegensätzliche Lager zu einem kontroversen Thema bilden. Alle Parteien suchen in Kleingruppen die schlagkräftigsten Argumente und Diskussionsstrategien für ihre Position und schicken dann je einen »Kämpfer« in die Runde. Alle Diskutanten haben gleiche Redezeiten. Die anderen beobachten, wie sich ihre Delegierten schlagen. Straff reglementiert läuft das so ab:

- Einführung: Thema und Methode erklären
- Argumentativ aufrüsten: alle Gruppen sammeln und schärfen ihre Thesen und Argumentationsstrategien
- Erste Runde: kurze Statements von Pro- und Kontra-Vertretern (zum Beispiel je zwei Minuten)
- Zweite Runde: wieder jede Partei kurz und knapp, Argumente der ersten Runde aufgreifen
- Freie Diskussion von Pro und Kontra: die übrigen Teilnehmer eventuell einbeziehen; der Trainer moderiert
- Zusammenfassung: der Trainer schließt die Diskussion im Plenum

Wer will, kann das als Wettkampf anheizen: Einschwören der Gruppen, polarisierende Sitzordnung der Diskutanten, Pro- und Kontra-Schilder an den Tischen, besonders straffes Zeitmanagement, Scheinwerfer und eine Forumsbestuhlung fürs Publikum.

DISKUSSIONEN IN KLEINGRUPPEN VERLAGERN

Warum nicht gleich einen Teil der Dialog-Aktivitäten in kleine Gruppen auslagern und nur Ergebnisse oder offene Fragen ins Plenum bringen?

DISKUSSION IN DER MINI-KONFERENZ (»MURMELGRUPPE«): Kleingruppen tauschen sich wenige Minuten zu einem Thema aus und finden möglichst eine gemeinsame Position. Kein großes Aufstehen, nur drei bis vier Sitznachbarn bzw. Vorder- oder Hinterleute – so wie sie sitzen, keine Gruppenräume, keine Ergebnispräsentation (vgl. Kapitel 12).

DISKUSSIONEN IN PARTNER- UND GRUPPENARBEIT: Arbeitsteilig oder arbeitsgleich diskutieren Kleingruppen, halten ihre Ergebnisse, Thesen oder offenen Fragen fest (auf Flip-Bögen oder Pinnwänden) und bringen das später ins Plenum – als moderierte Kurzpräsentation, als Stehtisch-Interview, als Vernissage, als geführte Poster-Session oder in neu gemischten Umschluss-Gruppen (vgl. Kapitel 9 und 12).

KUGELLAGER: Die Teilnehmer sitzen sich im Innen- und Außenkreis auf Stühlen gegenüber und tauschen sich kurz zu einem vorgegebenen Thema aus. Auf ein Signal hin rücken alle im Außenkreis einen Platz weiter – der zweite Durchgang beginnt, dann der dritte.

»SCHRIFTLICH DISKUTIEREN« – DIE STUMME DISKUSSION

DIESE METHODE FROSTET DISKUSSIONSBEITRÄGE FÜRS ERSTE EIN: Präsentiert werden im ersten Schritt mehrere Plakate hintereinander (zum Beispiel Gruppenarbeitsergebnisse). Nur kurze Verständnisfragen zwischendurch sind zugelassen. Damit haben alle Präsentationen gleiche Chancen und man verstrickt sich nicht schon unterwegs.

DISKUSSIONSBEDARF PARALLEL DAZU SOFORT SCHRIFTLICH FESTHALTEN: Schon während der Präsentationen notiert jeder gut lesbar, was ihm durch den Kopf geht (mit Filzstift auf Klebezettel). Diese Zettel klebt jeder sofort auf die passende Stelle der Plakate.

KLÄRUNG UND DISKUSSION: Nach Abschluss der Präsentationen und des Zettelklebens gewichtet jeder mit ein oder zwei farbigen Klebepunkten die Zettel mit dem höchsten Klärungsbedarf. Das sind dann die Themen der Diskussion.

11. Sammeln, sortieren, bewerten

Blitzlicht, Zurufliste, Karten, Punkte

Werkstatt-Methoden: Workshops arbeiten mit offenem Ergebnis an einer Fragestellung. Schulungen dagegen sind Lernveranstaltungen, haben Lernziele, vermitteln Wissen, und meist gibt es ein Richtig und Falsch. Die Schnittmenge zwischen diesen Formaten nennen wir »Werkstatt«. Deren Teilnehmer wollen nicht nur Wissen aufsaugen. Sammeln, Ordnen, Bewerten und Vertiefen sind da wichtige Funktionen.

METHODE »BLITZLICHT« (STATEMENT-RUNDE): DAS SCHNELLE ALLROUNDER-TOOL

Ein schnelles Meinungsbild auf der Tonspur. Der Trainer stellt eine Frage in den Raum und notiert sie auf dem Flipchart. Alle denken einige Sekunden nach, dann geht's im Telegrammstil kurz und knapp reihum – ohne Kommentare und ohne Diskussion.

Das Blitzlicht passt für viele Funktionen, zum Beispiel als

- Tages- oder Themenblock-Starter: »Wenn ich ans Thema X denke, dann…« Und schon sind Sie mitten in der Thematik.
- »Anker« von Lerninhalten: »Das war für mich heute Vormittag besonders wichtig, weil...« Fürs »räumliche Ankern« stellt sich jeder Teilnehmer dorthin, wo er an diesem Tag seine »höchste Erkenntnis« gewonnen hat, und erklärt das kurz.
- Feinsteuerung des Lernprozesses: »Da wünsche ich mir noch eine Vertiefung!«
- kollegiales Rollenspiel-Feedback: »Eine Stärke und eine Optimierungsidee aus meiner Sicht.«
- Klärungshilfe bei Störungen: »Ich bin mir nicht sicher, was Ihnen jetzt wichtig ist. Ich bitte um Ihren Vorschlag, worauf wir jetzt den Schwerpunkt legen sollen.«

BLITZLICHT-VARIANTEN

ZICKZACK- ODER POPCORN-BLITZLICHT: Der Schnellste startet. Wer zum gleichen Thema etwas sagen will, hängt sich sofort an das vorangegangene Statement an.

MAXIMAL-20-WORTE-TELEGRAMM: Zielt auf extrem kurze Beiträge – alles darüber kostet abends ein Bier.

SPRING-BLITZLICHT: Nur jeder Zweite kommt zu Wort oder alle mit ungeraden Geburtsmonaten (bei vielen Teilnehmern).

VORLÄUFIGES BLITZLICHT: Nagelt niemanden fest, sondern erfragt explizit ein aktuelles Meinungsbild: »Beim augenblicklichen Diskussionsstand tendiere ich zu..., weil...« Beim »Begründeten Blitzlicht« fügt man seiner Meinung noch eine kurze Argumentation an.

METAPHORISCHES BLITZLICHT: Ein symbolischer Gegenstand läuft von Sprecher zu Sprecher mit, zum Beispiel ein anzuklickendes Feuerzeug für den »Ideenblitz« des Tages oder der »Stein der Erkenntnis«.

METHODE »ZURUFLISTE«: TEILNEHMERBEITRÄGE STICHPUNKTARTIG FESTHALTEN

Die Ausgangsfrage oder These steht als Überschrift auf dem Flipchart. Der Trainer wartet schreibbereit (dicker Filzstift) und notiert jeden Zuruf sofort unkommentiert untereinander. Bei langen Beiträgen um Kurzfassungen oder Stichworte bitten. Diese Sammelmethode bindet die Teilnehmer ein, aber nur wer etwas sagt, kommt zum Zug. Varianten der Zurufliste finden Sie auf der nächsten Seite.

»NUR DIE ERSTEN FÜNF«: Wer die Zurufliste als schnellen Energiebringer im Lehrgespräch einsetzt, ist mit fünf bis sieben Zurufen zufrieden. Weitere Blanko-Spiegelstriche (ohne Text) markieren, dass mehr möglich wäre (vgl. Kapitel 9). Freilich muss mit diesen Mitschriften anschließend etwas geschehen.

ZURUF-MINDMAP: In Abstimmung mit den Teilnehmern hält man die genannten Beiträge auf der Pinnwand gleich in einer Mindmap fest.

PORTIONIERTE ZURUFLISTE: An einer Pinnwand hängen schon viele leere DIN-A4-Blätter eng nebeneinander. Auf die notiert man jeden Zuruf. Das lässt sich anschließend leichter sortieren.

REISSVERSCHLUSS-ZURUFLISTE: Wenn viele Zurufe zu erwarten sind, bittet man zwei Teilnehmer darum, die Zurufe auf zwei nebeneinander stehende Flipcharts zu schreiben. Als Trainer hat man dann den Kopf frei für den Sammelprozess.

WAS TUN MIT INHALTLICH FALSCHEN ZURUFEN? Wer alle Beiträge bewertet oder nur korrigiert anschreibt, bremst die Ideenproduktion. Es wird »schulisch«. Lässt man dagegen alles zu, stehen auch falsche Sachverhalte an der Wand – das will man im Training nicht immer und stellt zumindest im nächsten Arbeitsschritt alles richtig.

SONDERFALL »THEMENSPEICHER«: Das ganze Training über steht eine Sammelwand als »Themenspeicher« oder »Themenparkplatz« im Raum. Auf diese Wand kommt alles, was momentan aufpoppt, aber gerade nicht passt. Das greift man später auf.

METHODE »KARTEN IM TRAINING« – KLASSISCH UND ALTERNATIV

Die Kartenabfrage sammelt als klassisches Workshop-Tool viele Ideen zur weiteren Bearbeitung. In Trainings braucht es dazu nicht immer hundert kleine Kärtchen. Da lassen wir Gruppen frei sammeln, wobei sie nur ihre »wichtigsten Fünf« an die Sammelwand nadeln sollen (die restlichen Karten kommen auf eine Zweite-Prioritäten-Pinnwand). Weil kleine Kärtchen zu mageren Schlagworten oder kleiner Schrift verführen, teilen wir DIN-A5- oder DIN-A4-Karten aus – manchmal auch große Post-its.

Ablaufschritte einer Kartenabfrage:

- Der Trainer visualisiert die Fragestellung und stellt sicher, dass sie für alle klar ist.
- Der Trainer fordert die Teilnehmer auf, ihre Ideen auf Karten zu schreiben. Meist lassen wir in Kleingruppen sammeln (das reduziert Verdopplungen).
- Trainer oder Teilnehmer hängen die Karten sichtbar an die Pinnwand.
- Das gemeinsame Verständnis wird sichergestellt – insbesondere wenn die Karten unkommentiert aufgehängt wurden.
- Häufig »clustert« man dann die Karten nach Themengruppen.

»HERBSTLAUB« – KARTENABFRAGE OHNE PINNWAND: Alle stehen mit Filzstift und DIN-A4-Block rund um die Fragestellung, die auf ein großes, auf dem Boden liegendes Flip-Blatt geschrieben wurde. Wem eine Idee durch den Kopf geht, der spricht sie laut aus, schreibt sie gleich groß auf seinen Block und legt dieses Blatt unten ab (nichts verdecken). In kurzer Zeit ist der Boden voller Blätter – wie im Herbst. Wenn die Ideen-Produktion stoppt, nochmals alle für eine zweite Runde in Bewegung bringen.

ALTERNATIVEN FÜRS CLUSTERN: Clustern ist der Zeit- und Energiefresser par excellence – also Vorsicht! Die Gretchenfrage: Muss man überhaupt alle Karten ordnen? Wenn es zum Beispiel darum geht, an Themen weiterzuarbeiten, in denen viel Herzblut steckt, nutzen wir das »Rosinenpicken«: Statt die Karten zu sortieren, nehmen die Teilnehmer nach der Herbstlaubrunde nur ihren Favoriten in die Hand und erklären ihre Wahl (wer die gleiche Karte favorisiert, sitzt nebeneinander). In der Herzblut-Sprache heißt das »Dafür schlägt mein Herz« oder »Daran will ich arbeiten«. Nur diese Karten werden anschließend geordnet. Die restlichen kann man später gegebenenfalls als Anreicherung zuordnen.

ORDNEN VORGEFERTIGTER KARTEN – ZUORDNUNGSAUFGABEN IM TRAINING: An der Pinnwand stehen Sortier-Kategorien, zum Beispiel »Bundestag«, »Bundesrat«, »Landtag«. Auf dem Boden liegen ausgedruckte Karten: »Steuergesetze«, »Verkehrsrecht«, »Versicherungsrecht«, »Scheidungsrecht«, »Schulgesetz«, usw. Die Teilnehmer hängen diese Karten so an die Pinnwand, dass die Zuständigkeiten stimmen. Oder die Schritte eines komplexen Ablaufs stehen ausgedruckt, aber wild durcheinander auf DIN-A3- bzw. DIN-A4-Karten. Gruppen sollen sie in die richtige Reihenfolge sortieren. Das geht an der Pinnwand, am Boden oder auch direkt »am Mann«, indem jede(r) einen Begriff hält und sich alle Teilnehmer »richtig« aufstellen.

METHODE »PUNKTEN« – EIN SIMPLES BEWERTUNGSTOOL

Klebepunkte verraten nichts über die Begründungen, und man kann sich leicht hinter ihnen verstecken. Aber fürs schnelle Abwägen bei vielen Alternativen ist diese Methode brauchbar.

ZUM KLASSISCHEN VORGEHEN: Aussagen stehen an der Pinnwand (zum Beispiel die Cluster der Kartenabfrage). Jeder Teilnehmer bekommt farbige Klebepunkte (von ganz wenigen bis zu einem Drittel der Wahloptionen), mit denen er seine Priorität markiert. Vorher regeln, ob »Häufeln« erlaubt ist (zum Beispiel zwei Punkte auf eine Aussage). Risiko: Das Auszählen locker verteilter Bewertungsklebepunkte ergibt plötzlich Entscheidungen und interessante Themen fallen raus. Diese Konsequenz ist nicht allen Punkteklebern vorher klar. Zudem wird man auf Klebepunkt-Allergiker achten müssen!

BEISPIEL »KLÄRUNGSBEDARF ODER PRÜFUNGSVORBEREITUNG«: Die Teilnehmer schreiben ihre wichtigsten Fragen oder Themen auf DIN-A4-Karten (»Das hätte ich gerne nochmals erklärt oder vertieft«). Mit Klebepunkten markieren anschließend alle ihre Favoriten.

BEISPIEL »VORERFAHRUNGEN MARKIEREN«: Wer hat Erfahrungen mit PowerPoint? Mit Klebepunkten in einer Vier-Felder-Matrix wird das schnell klar. Oder Sie wählen eine Achsenabbildung fürs Punkten.

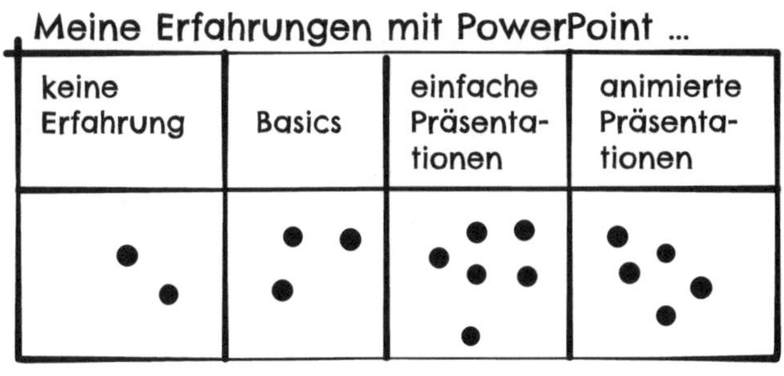

WEITERE BEWERTUNGSMETHODEN

Bewerten können ist Funktion vieler Lernziele. Deshalb hier weitere Methoden – jenseits von Punkten und dem Gespräch in der Runde:

FINGERAUSWERTUNG FÜR ZUSTIMMUNG ODER ABLEHNUNG: Auf die Frage des Trainers hin heben alle eine Hand. Gezählt werden die gezeigten Finger: Null Finger steht für völlige Ablehnung, fünf Finger für völlige Zustimmung. Im zweiten Gang wird nach Begründungen gefragt.

PUNKTEN MIT DEM KÖRPER: Klebepunkte sind anonym. Um klar Stellung beziehen zu können, markieren wir im Raum Abstimmfelder und bitten jeden Teilnehmer, als »lebender Punkt« seinen »Standpunkt« einzunehmen. Auch hier erfragt man anschließend Begründungen.

ABSTIMMUNGSSTERN UND SEILAUFSTELLUNGEN: Beim Abstimmungsstern liegt das »Ja« (»Ich stimme voll zu«) groß und zentral auf dem Fußboden. Auf die Bewertungsfrage hin positioniert sich jeder in seiner subjektiven Entfernung zum »Ja«. Bei der Seilaufstellung wählt jeder seinen Standpunkt auf einer langen Skala von »minimal« bis »maximal« (vgl. Kapitel 22).

PRO-KONTRA-DISKUSSION: Da geht es nicht nur um ein Entweder-oder und auch nicht um eine skalierte Zustimmung, sondern explizit um die Bewertungsargumente (vgl. Kapitel 10).

Mehr zu Workshop-Methoden: Lipp/Will: Das große Workshop-Buch. Beltz, Weinheim [6]2013.

12. Gruppen-Power nutzen

Tandems, Mini-Konferenz, Gruppenarbeit

Die Energie kleiner Gruppen nutzen: Kompetenz, Autonomie und soziale Eingebundenheit sind »Basic Needs« der Teilnehmer (vgl. Kapitel 2). Klassischer Plenarunterricht bietet dafür wenig Raum, und nicht alle Teilnehmer agieren gerne in großer Runde. Eine klug geplante Partner- und Gruppenarbeit schafft da Abhilfe – vorausgesetzt, Sie vermeiden Fußangeln, Energiefresser und Allergien!

GRUPPENARBEITS-ALLERGIEN VORBEUGEN

GUTE GRÜNDE FÜR GRUPPENARBEIT: Auch hochmotivierte Teilnehmer machen nach langen Trainermonologen schlapp. Ein Wechsel der Sozialform (Partner- oder Gruppenarbeit), der Austausch mit Kolleginnen und Kollegen sowie praxisnahe Aufgaben bringen Energie, neue Sichtweisen und Sicherheit beim Lösen von Aufgaben. Ideal, wenn die Aufgaben »anmachen«, Lernerfolg versprechen und für unterschiedliche Wissenslevels vorliegen.

»NICHT SCHON WIEDER ARBEITSGRUPPEN«: Viele Teilnehmer haben die Nase voll von Arbeitsaufträgen des Typs »Drei Ahnungslose diskutieren ihre Vermutungen«. Oft hegen sie den Verdacht, dass Gruppenarbeit nur stattfindet, damit Trainer ihre Mails beantworten können. Wir fragen dann nach, woher die Abneigung kommt, und erklären kurz, warum wir diese Arbeitsform vorschlagen. Wenn das nicht überzeugt, bitten wir die Runde um Vorschläge, wie das Ziel stattdessen zu erreichen ist. Übrigens sprechen wir lieber von »Teamarbeit« oder »schnellem gemeinsamen Sammeln«.

VIELFALT BEI DER GRUPPENBILDUNG

Nicht alle wollen mit ihren Sitznachbarn zur Schicksalsgemeinschaft werden. Und Trainer fürchten feste Lern-Gangs! Also Gruppen früh und häufig neu mischen. Gruppenbildung durch Abzählen ist die simpelste Form. Alternativen:

GRUPPENBILDUNG NACH VORGABEN: Sie geben die Gruppengröße vor. Alles andere findet sich nach Lust und Laune. Oder Sie geben Kriterien vor: »Immer drei Personen, die bis jetzt noch wenig miteinander zu tun hatten« oder »In jeder Gruppe mindestens ein Außendienstler« bzw. »In jeder Gruppe mindestens einer mit Brille«.

DAS SCHICKSAL ENTSCHEIDET: Lose, Spielkarten, verschiedenfarbige Bonbons oder Geburtsmonate bestimmen die Gruppenbildung. Oder puzzleartig zerschnittene Karten, und alle, die zusammenpassende Teile gezogen haben, bilden eine Gruppe. Trickreich auch die Idee eines Kollegen: »Bei zehn Teilnehmern nehme ich fünf Schnüre mittig in die Hand (ca. 50 cm lang) und lasse jeden Teilnehmer ein Schnurende in die Hand nehmen. Dann öffne ich meine Hand – und schon sind die Gruppen gebildet. Bei ungerader Teilnehmerzahl knote ich noch ein Stück an eine Schnur, sieht dann aus wie ein Y«.

WEIHNACHTSLIEDER SUMMEN: Wer es zur Abwechslung schräg will, steckt jedem Teilnehmer einen Zettel mit »seinem« Weihnachtslied zu und schickt alle summend durch den Raum. Wer Gleiches summt, gehört zu einer Gruppe. Im Hochsommer braucht es andere Ideen.

DER GRUPPENARBEITSAUFTRAG

Sobald Gruppen gebildet und Aufgaben verteilt sind, hören nicht mehr alle zu – die sind dann schon beim Thema. Da braucht es vorher klare Instruktionen, und das Wichtigste steht dazu auf Flipchart oder Instruktionsblättern. Zuerst das Was und Wozu, dann das Wie und am Schluss die Gruppenbildung:

- Was ist zu tun: noch ohne die ganz präzise Themenstellung.
- Wozunutz: Was geschieht anschließend mit den Arbeitsergebnissen?
- Ergebnispräsentation: Wie sollen die Arbeitsergebnisse ins Plenum kommen?
- Raum: Wo arbeiten die Gruppen? Wie kommt man da hin? Welche Ausstattung befindet sich dort?
- Hilfe: Wo gibt es Hilfe, wenn eine Gruppe nicht zum Laufen kommt oder stecken bleibt?
- Präzise Aufgabenstellung: Erst jetzt das genaue Thema und den Schlusszeitpunkt.
- Gruppenbildung: Wer arbeitet mit wem zusammen?

GRUPPENERGEBNISSE INS PLENUM BRINGEN

Die Energie der Gruppenarbeit verpufft bei den Ergebnispräsentationen. Das wusste schon Karl Valentin: »Es ist alles schon gesagt, aber noch nicht von allen!« Es gibt Varianten zum ermüdenden Vorlesen aller Pinnwände aller Gruppen.

STRUKTURIERTE ERGEBNISPRÄSENTATIONEN IM PLENUM:

- Arbeitsteilige Aufgaben: Nicht alle Gruppen bearbeiten die gleichen Themen.
- Straff moderieren: Nicht einfach nur die »Bühne« freigeben. Etappenweise präsentieren lassen: Alle Gruppensprecher nach vorne holen und in Interviews reihum Teilergebnisse abfragen. So schöpft nicht die erste Gruppe den ganzen Rahm ab.
- Nur noch ein Ergebnisvergleich: Bei Übungsaufgaben die richtige Lösung zeigen. Jede Gruppe vergleicht die mit ihrem Lösungsweg. Bei Bedarf anschließend offene Fragen klären.
- Vor Ort präsentieren: In den Gruppenräumen bzw. bei den Plakaten präsentieren – dort, wo sie entstanden sind! Das

bringt Bewegung, wertet die Ergebnisse auf und portioniert die Präsentations-Session.

ZU UNGEWÖHNLICHEN PRÄSENTATIONSFORMEN ANSTACHELN: Einzelnen Gruppen den Floh ins Ohr setzen, anders als die anderen zu präsentieren, zum Beispiel als Szene, Interview, Parodie, Lernvideo (vgl. Kapitel 20). Manche greifen das auf – andere bleiben konventionell. Der Mix macht es interessant.

POSTER-SESSION (VERNISSAGE): Die Ergebnisse der Arbeitsgruppen stehen selbsterklärend auf Pinnwand-Plakaten. Alle gehen von Plakat zu Plakat und lesen. Was Klärungsbedarf auslöst, wird mit Post-it-Haftnotizen an der betreffenden Stelle markiert (»Schriftliche Diskussion«, vgl. Kapitel 10) und abschließend besprochen. Variante: Alle wandern gemeinsam von Plakat zu Plakat. Dort gibt es jeweils kurze Präsentationen der Arbeitsgruppen – moderiert vom Trainer.

DEZENTRALER AUSTAUSCH: Statt der Ergebnispräsentationen im Plenum bilden sich nach der Gruppenarbeit neu gemischte Austauschgruppen – von jeder vorherigen Gruppe ist mindestens ein Mitglied dabei. Der Austausch läuft nun in diesen neuen Subgruppen ab. Beispiel: Aus den Arbeitsgruppen AAAA, BBBB, CCCC und DDDD werden die vier Austauschgruppen ABCD, ABCD, ABCD, ABCD.

DELEGIERTENDISKUSSION: Bei viel Diskussionsbedarf schickt jede Gruppe einen Sprecher in den »Ring«. Dieser Innenkreis diskutiert – moderiert vom Dozenten. Die verbleibenden Teilnehmer sitzen im Außenkreis und hören zu. Wer will, kann von dort in die Diskussion eingreifen. Wenn es hoch hergeht, wird das zu einer kleinen Fishbowl-Diskussion (vgl. Kapitel 10).

GRUPPENWETTKAMPF: Gruppenarbeit als Vorbereitung auf ein Wissensquiz (Regeln vorab klären): Schnell und richtig müssen die Antworten sein, sonst gehen die heiß begehrten Punkte ans Konkurrenzteam. Joker-Fragen nehmen dem Ganzen die Schärfe – und die Siegergruppe bekommt eine Flasche Sekt mit Gläsern für alle. Variante: Die Gruppen entwickeln die Quizfragen selbst, schreiben sie auf Karten (und die richtige Lösung auf die Rückseite).

MINI-KONFERENZ: DAS KLEINE GESCHWISTERCHEN DER GRUPPENARBEIT

FRÜHER HIESS DAS »MURMELGRUPPE« (BUZZ-GROUP): Zwei bis vier Sitznachbarn oder Vorder- und Hinterleute tauschen sich (so wie sie sitzen) für zwei bis fünf Minuten zu einem Thema aus und finden möglichst eine gemeinsame Position. Keine großen Platzwechsel, keine Gruppenräume, keine Ergebnispräsentation. Ein Gong schließt die schnelle Session ab, und Sie befragen einzelne Gruppen zu ihrer Lösung. Weil das Teamlösungen sind, droht bei falschen Antworten kein Gesichtsverlust.

UND DANN EIN MIKROFON-RADIO-INTERVIEW: Wenn Sie inszenieren wollen, nehmen Sie einen dicken Filzstift als Handmikrofon, machen eine »Klopf-Tonprobe« (»1, 2, 3 – ja, geht«), sprechen ein paar einleitende Worte: »Meine Damen und Herrn draußen an den Sendern: Hier diskutierten kleine Gruppen über das Thema X. Ich befrage mal einige zu ihren Ergebnissen.« Jetzt gehen Sie auf eine Gruppe zu, fragen, wer antworten will, und halten dem das Mikro hin. Nach ein paar Sätzen wechseln Sie zur nächsten Gruppe. Das Prinzip: Nur Freiwillige fragen, nur kurz bei einer Gruppe bleiben, das »Mikrofon« nicht aus der Hand geben, kein Verhör! Und vielleicht fragen Sie jemand, der aus der laufenden »Sendung« grüßen will.

FAQ: FRAGEN UND ANTWORTEN ZUR GRUPPENARBEIT

HOMOGENE ODER HETEROGENE GRUPPEN: Eine Zusammensetzung nach Arbeitsbereich oder Vorwissen hat Vorteile. Andere Aufgaben profitieren von heterogen zusammengesetzten Gruppen. Wir geben vor, welche Zusammensetzung wir uns für die nächste Arbeitseinheit wünschen – und erklären warum.

GRUPPENGRÖSSE: Tandems kommen schnell zu Ergebnissen, drei Personen pro Gruppe sind klassisch, bis zu fünf Personen geht. Ein Kriterium ist auch die Zahl der später gewünschten Ergebnispräsentationen. Dafür nimmt man gegebenenfalls größere Arbeitsgruppen in Kauf.

DIE ART DES AUFTRAGS: Gruppenarbeit kann unterschiedliche Funktionen bedienen, zum Beispiel als Sammel-, Übungs-, Vertiefungs- oder transfernahe Anwendungsaufgabe, als Fallarbeit, als geleitetes Abarbeiten entlang der Regievorgabe eines Arbeitsblattes.

DAUER: Knappe Zeitvorgaben und bei Bedarf Zeit zuschießen. Oft reichen 20 Minuten. Aber keine Hetze – es geht um gute Lernergebnisse. Längere Aufträge münden in eine Kaffeepause – als Zeitpuffer. Statt Arbeitsdauer sagen wir, zu welcher Uhrzeit alle wieder im Plenum sein sollen (auf Flipchart anschreiben). Mini-Konferenzen dauern als Spezialfall nur zwei bis drei Minuten mit den Sitznachbarn.

WEGZEITEN UND SCHLUSS-SIGNALE: Wegzeiten einplanen, wenn Gruppen in verschiedenen Räumen arbeiten. Ein Gong oder Wecker als Zeitgeber hilft. Bei längerer Gruppenarbeit Zwischensignale geben: »Noch zehn Minuten!«

»TIGERN«: Als Trainer frühzeitig auf leisen Sohlen von Gruppe zu Gruppe gehen und prüfen, ob alles läuft. Notfalls nachjustieren. Dann rasch und unauffällig verschwinden. Das mit dem »Tigern« vorher ankündigen, damit die Teilnehmer nicht überrascht sind und wissen: Unterstützungsbedarf muss signalisiert werden.

ZU VIEL VERPACKUNG – ZU WENIG INHALT: Manche Gruppen arbeiten vor allem an ihrer kreativen Ergebnispräsentation – weniger am Inhalt. Deshalb trennen wir das Was und das Wie. Erst wenn die Arbeitsergebnisse inhaltlich weitgehend stehen, kommt der Auftrag (plus Arbeitszeit) für eine spannende »Verpackung«.

ARBEITSFORM: Jede Gruppe legt zu Beginn fest, welcher Teilnehmer moderiert bzw. auf Zeit, Ziele, den roten Faden und die Visualisierung achtet.

Mikrofon-Interview: Der Filzstift wird zum Mikro

13. Rein ins wirkliche Leben

Theorie und Praxis verzahnen!

Objekte, Abläufe oder Prozesse live erleben: Praxislernen hat eine lange Tradition – auch in Kombination mit theorieorientierter Schulung. Das heißt dann Übungsfirma oder Training vor Ort, Hospitation, Exkursion, Erkundung oder Einweisung bzw. Unterweisung am Gerät. Oder Sie holen die Praxis mit Fallstudien, Planspielen und Recherchen in den Schulungsraum.

FALSCHE ANNAHMEN

WAS IN SCHULUNGEN »THEORIE« HEISST, IST SELTEN MEHR ALS ABSTRAKT DARGEBOTENER STOFF: Im dümmsten Fall bleibt der trocken, handlungsfern und ohne erkennbaren Nutzen (zumindest für Lernende). Theorie und Praxis nicht gegeneinander ausspielen! Schulung braucht beides – dual eng verzahnt.

SCHULUNG FINDET IN KLASSENZIMMERN STATT: Wer im Internet zu den Stichworten »Schulung«, »Training« oder »Seminar« Bilder sucht, findet vor allem »Classroom Teaching«. Offensichtlich erwarten die frohgestimmten Teilnehmer auf den Fotos gar nichts anderes, als in sterilen Beamer-Schulungsräumen mit Musik von vorne abgefüttert zu werden.

»PRAXIS« PASST FÜR DIE BLAUMANN-SCHULUNG: In manchen Trainingsfeldern hat »Praxis vor Ort« bereits einen hohen Stellenwert – bei der Werkstatt-Ausbildung, beim Lernen für den Vorfeld-Führerschein am Flughafen, bei Fahr- und Flugsimulatoren, bei der Feuerwehr oder dem Technischen Hilfswerk. Doch es gibt mehr Einsatzfelder.

ZUERST DIE THEORIE – DANN DIE PRAXIS: Ein Glaubenssatz, der zu Schulungsdesigns des Typs »vormittags Theorie, nachmittags Anwendung« führt. Spannender wäre »Entdeckendes Lernen«, das praxisnah mit Ausprobieren startet, dabei auf Hindernisse stößt, die die Lernenden dann neugierig auf die Theorie machen. Halbtagesschritte sind für diesen Lernprozess zu plump.

DAS »ECHTE LEBEN« IST DER BESTE LEHRMEISTER: Klingt gut, stimmt aber nicht ganz – vor allem bei komplexen Wirklichkeiten. Lernende sehen dann den Wald vor lauter Bäumen nicht. Da braucht es die Reduktion aufs Wesentliche, zielgerichtete Vorabinstruktion, richtiges Timing sowie Betreuung und Auswertung der Praxisphasen.

PRAXISLERNEN MUSS »VOR ORT« GESCHEHEN: Fürs Gerätetraining passt der Bagger nicht in den Schulungsraum und die neue Produktionsstraße für die Schmelzkäsezubereitung auch nicht. Aber Praxis gibt es in Abstufungen: Von der Eins-zu-Eins-Echtsituation »vor Ort« über die Praxis in speziellen Übungsgeländen, Übungsräumen oder Testlabors bis hin zur handlungsorientierten Praxissimulation in Schulungsräumen.

FUNKTIONEN: WOFÜR PRAXIS IM LERNPROZESS GUT IST

VOR ORT AUSLOTEN, WAS MÖGLICH IST: In welchen Unternehmensräumen wird unterrichtet? Welche Sitzordnung ist dort möglich? Wo wäre Platz für Flipcharts oder Pinnwände? An welche Wand könnte man Poster hängen? Wieviel Bewegungsspielraum bleibt für Trainer und Teilnehmer?

EINEN ERSTEN EINDRUCK VOM ANWENDUNGSFELD GEWINNEN: Nicht nur beim Einweisen neuer Mitarbeiter in die Gepäckabfertigung am Flughafen lohnen frühzeitige (vorbereitete) Exkursionen an den späteren Arbeitsplatz. Aber lange dürfen die nicht dauern, denn Neulingen schwirrt bei den vielen Eindrücken schnell der Kopf.

EIN GEFÜHL FÜR DIE ECHTSITUATION BEKOMMEN: Deutschdidaktik für analphabetische Migranten lässt sich theoretisch vermitteln. Aber frühzeitig und live mitzubekommen, wie sich dieser Unterricht vor Ort anfühlt, ist etwas ganz anderes. Auch Studierende können in gut inszenierten Planspielen schon ein wenig das »echte« Leben riechen.

MOTIVIEREN UND LUST MACHEN: Abstrakt vermittelte Lerninhalte bleiben für viele Teilnehmer blutleer. Emotionales bleibt offen: Wozu ist das gut? Warum soll ich mich damit beschäftigen? Da macht Praxis gleich zu Beginn Lust auf mehr und hilft später über »trockenen Stoff« hinweg.

UNGESTRAFT EXPERIMENTIEREN DÜRFEN: Erste Praxisversuche sind fehleranfällig. Da will man nicht gleich alles »kaputt« machen. Beim Experimentieren mit der neuen Software für Kundendaten ist man beispielsweise heilfroh über einen Übungsdatensatz. Was immer man da eingibt – es wird anschließend gelöscht.

SICHERHEIT UND ROUTINE GEWINNEN: Dass Mediziner künstliche Gelenke professionell einsetzen, Piloten in Turbulenzen sicher landen, am Flughafen die Kommunikation zum Tower fehlerfrei klappt und das Technische Hilfswerk in Krisenfällen das Richtige tut – bei all dem ist es mit einer einmaligen Praxisübung nicht getan. Das braucht viele Durchgänge und flankierende Theorie.

DOKUMENTATION DES LERNERFOLGS: Was nützt es, wenn Teilnehmer theoretisch alles wissen, es in der Praxis aber nicht anwenden können? Handfeste Praxistests sichern und kontrollieren den Lernerfolg.

DIE PRAXIS IN DEN SCHULUNGSRAUM HOLEN

WENN DIE PRAXIS NICHT IN DEN SCHULUNGSRAUM PASST: »Dann mache ich sie eben kleiner – in Form von Fotos, Videos oder Multimediapräsentationen«, schreibt uns ein Trainer. Er fotografiert die riesigen Druckmaschinen seines Unternehmens und kann – nach einer praktischen Einweisung, in der sich die Teilnehmer einen Überblick verschafft haben – in den Theorieteilen darauf zurückgreifen.

FALLSTUDIEN MIT TYPISCHEN UND REPRÄSENTATIVEN BEISPIELEN: Solche Praxisfälle sind nicht an Orte oder Geräte gebunden und bedienen vor allem kognitive Lernziele. Wirtschaftsprüfer beispielsweise bearbeiten über mehrere Stunden in Kleingruppen aufbereitetes praxisnahes Material und finden dafür Problemlösungen. Oder Studierende entwickeln in Gruppen Businesspläne, die sie dann präsentieren.

PLANSPIELE ALS HANDLUNGSORIENTIERTE SIMULATION KOMPLEXER ZUSAMMENHÄNGE: Neben kognitiven kommen auch emotionale und soziale Lernziele zum Tragen. Die Teilnehmer werden dabei zu Akteuren mit zugewiesenen Rollen und Aufgaben und verfolgen in einem vorgegebenen Szenario gegenseitig ihre Interessen. Eine Spielleitung steuert den Prozess, interveniert mit überraschenden Ereignissen und sorgt für Reflexion und Auswertung. Unternehmens-, Führungs- oder Verhaltensplanspiele gibt es fertig zu kaufen. Oder man entwickelt maßgeschneiderte Verhaltensplanspiele (ohne Rechnereinsatz) für spezielle Inhalte (vgl. Kapitel 15).

EXPERTENBEFRAGUNG UND RECHERCHE ALS KLEINE LÖSUNG: Laden Sie einen Gast mit viel Praxiserfahrung ein. Der beantwortet dann die gesammelten Fragen der Teilnehmer (vgl. Kapitel 9). Oder Gruppen recherchieren per Netz und Telefon Praxisfälle und die dafür besten Lösungen.

PRAXIS »VOR ORT«: WORAUF SIE SCHON IM VORFELD ACHTEN

WAS WOLLEN SIE ERREICHEN? Praxis-Exkursionen sind kein Wandertag. Es lohnt, nochmals über Ziele und Lerninhalte nachzudenken.

REDUKTION DER KOMPLEXITÄT: Abspecken! Eine möglichst typische und nicht zu komplizierte Praxissituation auswählen. Erst im zweiten Durchgang auf Ausnahmen oder Sonderfälle eingehen.

DIE TEILNEHMER GEZIELT VORBEREITEN: Man sieht nur, was man weiß. Eine Vorab-Orientierung erklärt Prinzip und Funktion, veranschaulicht durch Fotos, Schemazeichnungen, Handskizzen oder kurze selbsterstellte Erklär-Videos.

BEOBACHTUNGSAUFTRÄGE: Die Teilnehmer nicht einfach so ins Praxisfeld schicken! Sie müssen wissen, worauf sie achten sollen, damit sie vor Ort das Wichtige und Richtige erkennen. Da helfen Beobachtungs- oder Sammelaufgaben, oder die Teilnehmer dokumentieren mit Camcordern und Handy-Kameras.

LERNHELFER BZW. TUTOREN: Die erste Praxiserfahrung kann Neulinge überfordern. Auf tausend Dinge sollen sie achten, möglichst alles richtig machen, und blamieren wollen sie sich auch nicht. Bei umfangreichen Projekten setzen wir deshalb auf Multiplikatoren oder Coaches aus dem Praxisfeld. Manchmal schulen wir sie vorab, damit sie wirklich »Lernhelfer« werden.

EXKURSIONEN: DAS BESTE DRAUS MACHEN

SIMPLE FEHLER VERMEIDEN: Das kennt man von schlechten Museumsführern: Die beginnen mit dem Erklären, noch bevor alle vor Ort sind, achten bei kleinen Beobachtungsobjekten nicht darauf, dass alle etwas sehen, und produzieren Unruhe, indem sie Gegenstände herumgehen lassen.

DIE STRUKTUR VOR ORT DEUTLICH MACHEN: Die Welt vor Ort ist für Besucher komplex und verwirrend. Als Gegengewicht braucht es da möglichst viel Struktur und Klarheit. Also nicht unkommentiert von Station zu Station gehen, sondern die jeweiligen Schritte und Funktionen erklären.

KEIN »OVERLOAD«: Die Köpfe der Teilnehmer sind schneller voll, als man denkt. Also nicht zu lange vor Ort bleiben. Zurück in den Schulungsraum, die gewonnenen Eindrücke auswerten, Fragen klären.

ZUM NOTIEREN UND FOTOGRAFIEREN ANIMIEREN: Fragestellungen oder Ablaufschritte als Checkliste mitgeben. Fragen gleich vor Ort notieren lassen und zwischendurch klären.

AUF ARBEITSSICHERHEIT ACHTEN: Spätestens jetzt nochmals auf Sicherheitskleidung und Unfallrisiken hinweisen und gegebenenfalls auf bestehende Hygiene- und Notfallregeln.

UNTERWEISUNG AM GERÄT

ALS PRAKTISCHE ERGÄNZUNG THEORETISCHEN UNTERRICHTS: Die Teilnehmer nach einer kurzen Einführung ausprobieren lassen. Nach dem Scheitern genau erklären und dann einen vorbereiteten zweiten Durchgang starten. Oder Fehler einbauen, die entdeckt werden müssen. Interessant dabei: Die Beschränkung auf den Normalfall, kleine Lernschritte, Korrektur grober Fehler und erst im Folgeschritt die differenzierte Vertiefung, Wiederholung oder Bearbeitung von Sonderfällen.

DIE 4-STUFEN-METHODE: Eine Anleitung für wenig erfahrene Multiplikatoren:
(1) Vorbereiten und einstimmen
(2) Vormachen und erklären
(3) Nachmachen und erklären lassen
(4) Selbstständig ausführen bzw. vertiefen durch Üben

ÄHNLICH IST VENÜ: Ein Robust-Design für Multiplikatoren und Ausbilder, zum Beispiel beim Militär. Die vier Buchstaben stehen für **V**ormachen, **E**rklären, **N**achmachen, **Ü**ben.

NACHBEREITUNG SICHERT DEN LERNGEWINN

Auf eine Praxisphase folgt Reflexion und verallgemeinernde Auswertung – ganz gleich, ob Sie Praktika, Übungsfirmen, Lernprojekte, Exkursionen oder Übungen vor Ort betreut haben. Da sortieren und klären Teilnehmer ihre Eindrücke, und Trainer gehen auf Sonderfälle ein oder unterfüttern mit Theorie.

LERNPROJEKTE: PRAXISLERNEN JENSEITS VON SCHULUNGSRÄUMEN

Abstrakte, beamergestützte Stoffvermittlung in »Klassenzimmern« dominiert unsere Schulungswelt. Bis auf Leuchtturmprojekte in der Ausbildung ist da wenig Platz für praxis- und handlungsorientiertes sowie problemlösendes Lernen. Aber zumindest in Erwägung könnte man Alternativen ziehen.

LERNPROJEKTE: Nach einer Einführung suchen sich die Teilnehmer interessante und nützliche Fragestellungen, gewinnen dafür unternehmensinterne Sponsoren und machen sich an die Arbeit. Coaches oder Projekt-Zwischenstopp-Meetings flankieren diesen Prozess. Beispiele: IHK-Trainer-Lernprojekte, bei denen Einzelne ihre anstehenden Trainings optimieren, angeleitetes Entwickeln handfester Business-Pläne, hochschul- und gesellschaftsrelevante Semesterprojekte oder Optimierungsprojekte angehender Sparkassen-Führungskräfte. Das führt zu interessanten, sehr praxis- und handlungsnahen Projekten, die selten in der Schublade oder im Papierkorb landen. Das Risiko liegt in der Überforderung der Akteure.

14. Am Rechner trainieren

PC-Anwendungen schulen

Neulich an der PC-Nordwand

PC-Kurse leiden unter Einschränkungen: vollgestellte Räume, fest montierte Tische und Rechner, komplexe Programme, dicke Ordner und bergeweise Stoff. Viele PC-Trainer sehen daher wenige Möglichkeiten für Methoden und Medien jenseits von Lehrvortrag, Beamer-Projektion, Schritt-für-Schritt-Instruktion und Einzelarbeit am Rechner. Das macht Augen, Körper und Geist müde. Hier finden Sie Abhilfe.

METHODENVIELFALT: ES GEHT MEHR, ALS MAN DENKT

Abwechslung und Unterbrecher erhöhen die Aufmerksamkeit in jeder Schulung – für PC-Trainings sind sie Pflicht: aktivierende Fragen, Diskussion von Ergebnissen, kurze Tandem-Übungen an einem Bildschirm, Clustern von vorbereiteten Karten oder ein Blitzlicht, was für jeden das Wichtigste war. Ihr nächster Trainer-Input kommt als kurze »Ein-Führung« beamerfrei mit großen Wandplakaten. Und Sie haben weitere Optionen:

AUFGABENORIENTIERT SCHULEN: Was das Programm alles kann, interessiert Kursteilnehmer wenig – außer es sind Softwarespezialisten. Als Anwender wollen sie wissen, wie sie Arbeitsprozesse oder anstehende Aufgaben lösen können. Sie erwarten Schulung anhand praxisnaher Aufgaben.

SPIRALIG SCHULEN: Programme haben tausend Funktionen, und Trainer kennen (zu) viele davon. Das verführt dazu, möglichst alle im ersten Durchgang zu vermitteln – samt der Hinweise auf Ausnahmen und Sonderfälle. Anfänger verwirrt das total. Sie brauchen zuerst die Basics. Erst wenn die sitzen, haben sie im zweiten Durchgang den Kopf frei für Vertiefungen. Und vielleicht gibt es später noch einen dritten vertiefenden Durchgang in der »Wissensspirale«.

SCHRITT-FÜR-SCHRITT-INSTRUKTION: Die Programm-Arbeitsschritte per Beamer Punkt für Punkt vorzuführen und die Teilnehmer das an ihren Rechnern sofort nachmachen zu lassen, ist ein Vermittlungsklassiker. Aber der hat auch Schwachpunkte: Eigenständiges Arbeiten fördert das nicht. Die Teilnehmer sollen nicht nur klicken, sondern diese Schritte auch verstehen und einordnen können. Und als Trainer hat man wenig Lernkontrolle.

ARBEIT MIT DEM INSTRUKTIONSBLATT: Die Teilnehmer bekommen eine kurze Arbeitsanleitung (Mini-Leittext) und setzen diese eigenständig um. So lernen sie, das Programm in ihrem Arbeitstempo selbstständig anzuwenden.

SELBSTSTÄNDIGES PROBLEMLÖSEN: Die Teilnehmer bearbeiten eine (lösbare) praxisnahe Aufgabenstellung – etwa ein Fallbeispiel oder eine Situation aus ihrem Arbeitsalltag. Das geht gut als Lerntandem.

»FERNGESTEUERT« LERNEN: Sie bitten einen Teilnehmer an den Dozenten-PC mit dem Versprechen, dass er nichts »können« muss. Dann fordern sie die gesamte Gruppe auf, ihm das Gelernte noch einmal zu erklären und ihn per Zuruf anzuleiten, eine Aufgabe zu lösen.

SCHÜLER-LEHRER-SCHALTUNG: Mit Monitorschaltung, Bildschirmübertragung und Fernsteuerung können sich Trainer auf die Bildschirme ihrer »Schüler« schalten (was die nicht immer freut). Für die Teilnehmer interessanter: Sie können die Vorführung des Trainers direkt auf ihren Bildschirmen verfolgen. Ab der dritten Sitzreihe ist das viel besser lesbar als die Projektion an der Leinwand.

WEG VOM BILDSCHIRM!

Bildschirmansicht auf dem PC, Bildschirmansicht an der Wand – irgendwann ist das Auge müde! Visualisieren Sie den Seminarablauf auf Flipchart. Kleben Sie Orientierungsplakate an die Seitenwand. Erarbeiten Sie gemeinsam mit den Teilnehmern eine Struktur mit großen Karten an der Pinnwand. Kopieren Sie den wichtigsten Screenshot, an dem Sie länger verweilen, auf eine große Plankopie im DIN-A1-Format. Und schaffen Sie zwischendurch »medienfreie Zonen« – das tut nicht nur den Augen gut. Vom Rechner lösen!

WENIGER EINSAMKEIT VOR DEM BILDSCHIRM

Nicht immer nur Einzelarbeit. Mehr soziales Lernen! Gegenseitiges Unterstützen, Erfahrungsaustausch und Mini-Konferenzen dienen dem Lernklima, zeigen Lücken auf, verdichten und verankern Gelerntes. Die Teilnehmer zwischendurch hinter den Bildschirmen hervorholen – zum Beispiel für eine Zusammenfassung und Bewertung des Gelernten in Gruppenarbeit oder als schnelle Mini-Konferenz. Interessant sind auch Lerntandems: Die Schnelleren helfen den Langsameren, die alten Hasen den jungen.

BEWEGUNG – DAMIT ES LEBENDIGER WIRD

Das Sitzen am PC ermüdet. Dagegen hilft körperliche Bewegung, zum Beispiel trifft man sich für Anfangs- und Schluss-Sequenzen oder für Fallbesprechungen jenseits der PC-Landschaft in einer Ecke des Raumes oder vor der Tür. Auch für ein schnelles Augentraining oder leichte Lockerungsübungen für Arme, Schultern und Rücken sind die Teilnehmer dankbar, kombiniert mit einer kurzen Stoffwiederholung: Alle stehen im Kreis. Der Trainer stellt »Prüffragen« und wirft einem Teilnehmer einen Ball zu. Der beantwortet die Frage oder gibt den Ball an einen anderen Teilnehmer weiter.

15. Den Ernstfall simulieren

Rollenspiel, Szene, Planspiel

Diesmal sind Sie der Teufel!

Erfahrungen sammeln – fast wie im richtigen Leben. Rollenspiele bringen das »echte« Leben in den Seminarraum, man lernt übers Ausprobieren und Beobachten. Doch viele Teilnehmer mögen diese Simulation nicht und fürchten, vorgeführt zu werden. Als Trainer vermeiden Sie deshalb das Reizwort »Rollenspiel«, setzen verstärkt auf schnelle, experimentierende »Light-Versionen« oder auf kleine Planspiele.

TYPEN UND FUNKTIONEN: WOZU ROLLENSPIELE GUT SIND

Rollenspiele haben viele Funktionen: Bestandsaufnahme und Demonstration (so sieht das bei uns derzeit aus), kreative Ideen entwickeln (so könnte es in Zukunft funktionieren), Erproben und Üben von Alternativen (Was ist besser? Kann ich das schon?), aber auch eigene Stärken bewusst wahrnehmen.

IST-ANALYSE: Die Kundengespräche sollen in Zukunft individuell zugeschnitten verlaufen. Bevor dazu neue Gesprächsstrategien geschult werden, spielen die Trainer exemplarisch vor, was bei der vorhergehenden Befragung an »Knackpunkten« eruiert wurde.

PERSPEKTIVWECHSEL: Im Führungstraining erleben Chefs in der Mitarbeiterrolle, wie ihr Verhalten ankommt, und können dessen Wirkung besser abschätzen.

NEUES VERHALTEN ERPROBEN, ÜBEN UND ANKERN: Das im Kurs Gelernte in einer möglichst praxisnahen Situation durchspielen. Damit schlägt man gleich mehrere Fliegen mit einer Klappe: Alternativen werden ausgetestet, gezieltes Feedback ist möglich und der Lernerfolg lässt sich überprüfen.

BLICK IN DIE ZUKUNFT: Nach der Drei-Tages-Schulung zum Change Management spielen die Teilnehmer eine spätere Praxissituation in der Zukunft – vielleicht auch als Vorher und Nachher.

»ICH WAR BESSER, ALS ICH DACHTE«: Viele Akteure finden ihren Videoauftritt besser als erwartet. Das hilft gegen eine überkritische Selbstbewertung. Wir nennen das Stärken stärken.

KOMPLEXE ROLLENSPIELE

VORBEREITUNG UND ABLAUF: Für längere Rollenspiele mit mehreren Rollen braucht es eine Rahmenhandlung und Spielvorgaben bzw. Rollenkarten für jeden einzelnen Spieler. Das ist in der Vorbereitung arbeitsintensiv. Die Situationen kommen mitten aus der Praxis und sind möglichst gut recherchiert. Wichtig sind eine klare Zielsetzung, ein gutes Briefing und die Option, jederzeit ohne Gesichtsverlust aus der Szene aussteigen zu können.

FEEDBACK UND AUSWERTUNG: Klare Beobachtungsaufträge und eine deutliche Trennung von Beobachtung und Bewertung. Faire, nutzen- und wachstumsorientierte Feedbacks – fokussiert auf den nächsten Schritt der Entwicklung. Feedback zur Rolle – nicht zur Person!

SCHNELLE SPONTANAUSWERTUNG GLEICH NACH DER SZENE: (1) Als Feedback-Blitzlicht: Von jedem reihum »das Wichtigste«. (2) Feedback-Karten: Alle schreiben auf (wenige) Karten, was dem Feedback-Empfänger vermutlich am meisten hilft, und nadeln das an die Pinnwand (»Beibehalten!«/»Ändern!«). (3) Feedback-Gruppen: Die Beobachter stimmen ihre Rückmeldung in kleinen Gruppen ab und schicken dann je einen Vertreter in die Feedbackrunde.

VARIANTEN DES VIDEOFEEDBACKS: (1) Klappe die zweite: Statt Videos anzuschauen, geben wir Rückmeldung und lassen die Szene sofort wiederholen. (2) Klassisch: Alle schauen die Mitschnitte gemeinsam an, man stoppt an markanten Stellen und bespricht diese. (3) Tonlos: Bei der Auswertung den Ton weglassen und nur auf Körpersprache und Raumnutzung achten. (4) Dezentral: Mehrere Mitschnitte zeitgleich in verschiedenen Räumen auswerten. Nur noch offene Fragen oder ausgewählte Szenen kommen ins Plenum. (5) Privatissimum: Kein öffentliches Feedback. Wahlweise auf Wunsch in kleinem Rahmen – oder jeder bekommt eine Kopie seines Mitschnitts.

EIN BEISPIEL: Im interkulturellen Training bekommen die Teilnehmer die Aufgabe, sich in einem fremden Land mit einer ihnen unbekannten Sprache und Kultur zurechtzufinden. Die Hälfte der Gruppe ist gebrieft, weiß also, um welche spezifische Kultur und Sprache es sich handelt. Die andere, »ahnungslose« Hälfte der Gruppe erlebt am eigenen Leib die Schwierigkeiten und Hürden, sich im Unbekannten zurechtzufinden.

ROLLENSPIEL »LIGHT«: LERNERLEBNIS-INSELN

»SZENEN« UND »EXPERIMENTE« NENNEN WIR DIESE KLEINEN, SCHNELLEN, NIEDERSCHWELLIGEN ROLLENSPIELE: Ausprobieren innerhalb von zwei bis fünf Minuten, auf eine Fragestellung begrenzt, und die Akteure können jederzeit aussteigen oder wechseln. Die Vorteile: Der Vorbereitungsaufwand ist gering, der Widerstand eher selten, der Lerneffekt aber meist überproportional.

BEISPIEL TYPUS »ELEVATOR PITCH« – DAS GRUNDMUSTER FÜR EXPRESS-SZENEN: Ein Teilnehmer steigt in einen fiktiven Lift, trifft dort einen wichtigen Entscheider und versucht diesen innerhalb der Liftfahrt kurz, verständlich und verlockend für eine Idee zu gewinnen – rational und emotional. Von »Rollenspiel« spricht da niemand mehr.

BEISPIEL »MINUTEN-SZENEN« IN DER ÄRZTEFORTBILDUNG: Wir möchten die Arzt-Patienten-Kommunikation »erlebbar« machen, aber die Teilnehmer wollen keine Rollenspiele. Im engen Stuhlkreis (samt leerem Arzt- und Patientenstuhl) hören alle einen kurzen Input über unübliche Gesprächsführung. Die Botschaft: »Es gibt kein Richtig und Falsch, sondern nur den nächsten Satz!« Dann fragen wir nach problematischen Patienten. Ein behandelnder Arzt berichtet, und an kritischen Stellen des Gesprächs fragen wir in die Runde: »Was wäre ihr nächster Satz?« Einzelne haben Ideen, sprechen ihre Experimentiersätze (möglichst auf dem Arztstuhl). Schon nach kurzer Zeit brechen wir die Szene konsequent ab – auch wenn sie gut lief – und befragen den »Patienten« nach seinem Erleben. Und dann testen andere ihren »nächsten« Satz.

ALLE SIND DRAN! Sie locken zwei Teilnehmer nach vorn: »Die beiden haben es gut. Sie müssen nur tun, was die Gruppe sagt!« Für die anschließende Übung fragen Sie dann wie versprochen immer die Gruppe: »Wie soll X starten?« »Was soll Y antworten?« Dazu kann man die Gruppe auch in zwei Beratergruppen teilen. Oft ist das Eis nach kurzer Zeit gebrochen, und die beiden »Rollenspieler« auf der Bühne nehmen das Gespräch selbst in die Hand.

DER SCHUTZENGEL HILFT: Sie versprechen jedem Mitspieler einen persönlichen Coach bzw. »Einflüsterer«. Der steht oder sitzt hinter seinem Rollenspielakteur und kann jederzeit um Rat gefragt werden.

DER TRAINER ANIMIERT DIE GRUPPE: Sie sitzen einem leeren Stuhl gegenüber, sagen etwas zu Ihrem imaginären Gesprächspartner und fragen die Gruppe: »Was würden Sie antworten?« »Wie würden Sie reagieren?« Wer Ideen dazu hat, soll das auf dem leeren Stuhl durchexerzieren. Nach dem Ausprobieren sucht der Teilnehmer einen Nachfolger für den zweiten Versuch.

ROLLENSPIEL OHNE ROLLENSPIEL-SETTING: Wenn Sie die Erfahrung gemacht haben, dass keiner nach vorne kommt, gehen Sie zu den Teilnehmern.

TIPPS FÜRS ROLLENSPIEL

- FREIWILLIGKEIT: Niemanden zum Spielen zwingen!
- KLARHEIT: Attraktive Ziele, klare Rahmenhandlungen, eindeutige Spielvorgaben für Akteure.
- ENTROLLEN: Manches geht an die Nieren. Da braucht es ein erkennbares Aus-der-Rolle-Schlüpfen.
- FEEDBACK: Klare Instruktionen für Beobachter; Beobachtung und Bewertung unterscheiden.
- WENIGER REDEN – MEHR ACTION: Keine Auswert-Palaver – stattdessen besser einen zweiten Versuch starten.
- DIFFERENZIERUNG: Die Spielrollen nicht mit den echten Rollen der Spieler verwechseln.
- STRESSVERMEIDUNG: Keine Prüfungsatmosphäre aufbauen.

PLANSPIEL: DER GROSSE BRUDER DES ROLLENSPIELS

Verschiedene Planspielversionen bieten sich an: durchgetaktete, komplexe, rechnergestützte Planspiele, Brettspiele und improvisierende Verhaltensplanspiele ohne Rechner, die man als Trainer selber entwickeln kann.

VERHALTENSPLANSPIELE: Innerhalb eines Rahmenszenarios übernehmen alle Teilnehmer vorgegebene Rollen, werden zum Beispiel zur Unternehmensleitung, zur Fachabteilung, zum Betriebsrat, zum Konkurrenzunternehmer, zum Pressevertreter oder zum Spielbeobachter. Zielorientiert recherchieren sie, planen Aktionen, kooperieren mit anderen Akteuren, setzen sich mit ihnen auseinander, treffen Entscheidungen. Für Struktur, Überraschung und Auswertung sorgt eine »Spielleitung«, die in die Rahmenhandlung einführt, Ziele und Rollen klärt, während der Spiel-Etappen die Fäden in der Hand hält, mit Ereigniskarten nachjustiert und zwischendurch und abschließend für die reflexive Auswertung des Planspiels sorgt. In diesem erlebnisnahen Prozess lernen die Teilnehmer probehandelnd Fachinhalte, Methoden und Strategien, üben Schlüsselkompetenzen, bereiten sich auf komplexe Situationen vor, erleben Zusammenhänge und die Auswirkungen ihrer Entscheidungen.

SAGSAGA: Bei komplexen Planspielen berät der Fachverband SAGSAGA (»Swiss Austrian German Simulation and Gaming Association«), der auch Anbieter vermittelt.

Back-home-Situation üben: Was sagen wir unseren Chefs, wenn wir zurück sind?

16. Stationenlernen

Lernzirkel, Lernen durch Lehren, Schwarzmarkt und World-Café

Seit ewigen Zeiten bewährt: das Stationen-Prinzip als Prozession oder Parcours. Im Sport heißt es Zirkeltraining, in Schulungen Lern- oder Wissenszirkel, Themenparcours, Lernen durch Lehren, World-Café oder »Schwarzmarkt des Wissens«. Das sind aktivierende Alternativen zur »Musik von vorn«, die Input, Austausch, Gruppenarbeit und Bewegung kombinieren.

LERNZIRKEL, WISSENSZIRKEL, KNOWLEDGE-CIRCLE

Wie beim Zirkeltraining im Sport durchlaufen Gruppen Lern- oder Arbeitsstationen, absolvieren dort jeweils Aufgaben und wechseln dann zur nächsten Station. Je nach Aufgabenstellung bedient das die Funktionen Input, Sammeln, Austausch. Angesagt sind Lernzirkel insbesondere für längere Kurse mit viel Stoffvermittlung oder als methodische Alternative zum Input von vorne.

KONZEPTIONELLE VORARBEIT: Als Trainer hat man ein Rahmenthema in drei bis fünf Lernzirkel-Subthemen zerlegt, die inhaltlich nicht direkt aufeinander aufbauen. Jede Themenstation ist selbsterklärend und erfordert die gleiche Bearbeitungszeit.

STATIONEN HERRICHTEN: Jede Station als eigenständige »Koje« herrichten – mit Tisch und Stühlen, mit Pinnwänden, Postern, Aufgaben- und Textblättern und gegebenenfalls weiterer Technik. Möglichst Sicht- und Lärmschutz zu den Nachbargruppen oder die Stationen auf mehrere Räume verteilen.

Möglichst hohe Variabilität der Aufgabenstellungen pro Station, damit es nicht eintönig wird, zum Beispiel:

- Text lesen plus Diskussion in der Kleingruppe
- Aufgaben bearbeiten, praktische Übungen, Anwendungen

- vorgegebene Aufzählungen nach Prioritäten/Reihenfolgen sortieren
- Erfahrungen oder Lösungen sammeln
- Fehler finden und begründen
- Alternativen oder Argumente entwickeln
- Sündenkataloge entwickeln
- Prüfungsfragen bearbeiten
- kurze Spielszenen entwickeln und später im Plenum einspielen
- Sachverhalte zeichnerisch oder schematisch darstellen
- kurze Filmsequenzen analysieren
- Lernprogramme auf PC bzw. Netzrecherche an einer Station

Jede Gruppe hält die Arbeitsergebnisse an den Stationen visuell fest (Flip, Karten, Pinnwand). Die nächsten Besucher arbeiten daran weiter.

ABLAUFVARIANTEN: Beim Klassiker startet an jeder Station eine Gruppe. Auf einen Gong hin wechseln alle im Uhrzeigersinn zur nächsten Station. Alternative: Alle gehen zu den Stationen, die sie interessieren. Arbeitszeiten pro Station: 20 bis 30 Minuten. Längere Lernzirkel-Sessions bieten manchmal auch eine Live-Frage-Antwort-Station mit einem Experten oder eine Kaffee- bzw. Entspannungsstation. Jeder Teilnehmer bzw. jede Gruppe führt ein Ergebnis- oder Fragenblatt für offene Themen (Lerntagebuch).

ABSCHLUSS IM PLENUM: Nach den Durchgängen trifft man sich in der großen Runde, ergänzt das Lerntagebuch, klärt Lerngewinn und offene Fragen, absolviert einen Lerntest oder es geht inhaltlich weiter.

SPEZIELLE HERAUSFORDERUNGEN: Bei mehr als vier Durchgängen sinkt der Spannungsbogen. Drei bis vier Personen pro Gruppe sind gut. Bei großer Teilnehmerzahl nicht die Gruppen vergrößern, sondern die Stationen verdoppeln (also 1 – 2 – 3 – 4 und dann nochmals die gleichen Stationen 1 – 2 – 3 – 4). Trainer klinken sich nur ein, wenn es an einer Stelle nicht rundläuft.

LERNEN DURCH LEHREN: TEILNEHMER UNTERRICHTEN TEILNEHMER

»Teaching is learning twice«: Die Stoffvermittlung wird an die Teilnehmer delegiert. Die vertiefen sich in den für sie neuen Stoff, und die restlichen Teilnehmer erleben »einen von ihnen« als Trainer. Varianten dieser kollegialen Lernform heißen »STEX-Methode« (Stamm- und Expertengruppen) und »Jigsaw« (Gruppenpuzzle). Das läuft in drei großen Schritten ab:

1) INHALTLICHES ERARBEITEN DES STOFFS DURCH DIE TEILNEHMER: Im laufenden Kurs oder bis zum nächsten Termin bereiten sich Kleingruppen inhaltlich auf ihre Expertenrolle vor. Das braucht Zeit und Vorbereitungsmaterial. Die Kleingruppen planen Vermittlungsstrategien und Medien – zum Beispiel Pinnwandplakate. Das ist bei allen Varianten ähnlich.

2) DEZENTRALE WISSENSWEITERGABE: DREI VARIANTEN

- Die frischgebackenen Experten präsentieren ihre Themen nacheinander im Plenum, zum Beispiel als »Ein-Führung« an Pinnwänden im Raum (vgl. Kapitel 22). Vorteil dieser Plenumsvariante: Die Trainer können jederzeit inhaltlich nachjustieren.
- Gruppenpuzzle – informeller Austausch in heterogenen Gruppen: Im ersten Schritt haben sich mehrere Kleingruppen A A A, B B B, C C C inhaltlich jeweils auf ihr Thema vorbereitet. Im zweiten Schritt bilden sie wissensheterogene Gruppen A B C, A B C, A B C und tauschen untereinander das kumulierte Wissen aus. Was unklar bleibt, kommt anschließend ins Plenum.

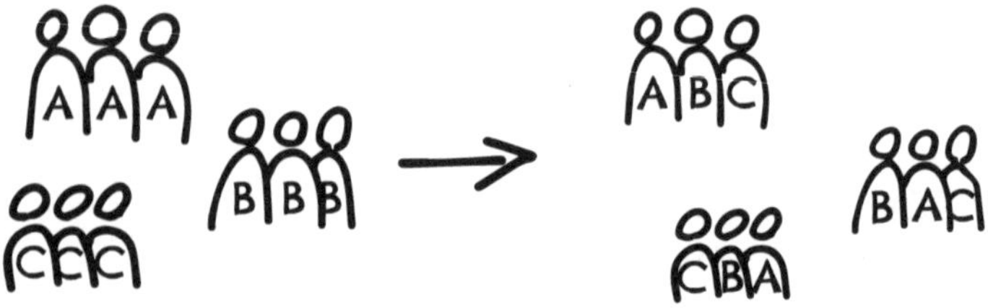

- Wissensvermittlung in Umschlussgruppen: Wenn alle Kleingruppen inhaltlich sattelfest sind, präsentieren sie ihr Expertenwissen den anderen Gruppen. Einer bleibt als Wissensträger (»Erzählbär«) bei der Pinnwand »seiner« Gruppe, alle anderen wandern im Uhrzeigersinn zur Nachbarstation. Da gibt es dann zeitgleich kurze Präsentationen plus lebendige Nachfragen (»Erzählbär« A plus Zuhörer B B; »Erzählbär« B mit Zuhörern C C usw.). Für die nächste Runde gehen alle zur nächsten Infostation – nur je ein präsentierender Wissensträger bleibt zurück (drei bis vier Durchgänge, jeweils ca. 15 Minuten). Die Gruppen klären vorab, wer wie oft als »Erzählbär« das eigene Poster vermittelt bzw. wer bei der nächsten Runde für ihn einspringt.

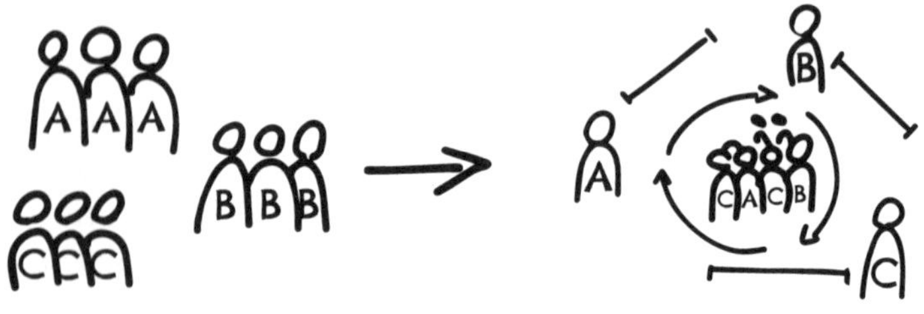

3) AUSWERTUNG UND OFFENE FRAGEN: Die Ausgangsgruppen A A A treffen sich nochmals zum Abschlusstreffen. Da bekommen dann auch die Erzählbären mit, was anderswo Thema war. Oder aber alle treffen sich gleich abschließend im Plenum für eine Zusammenfassung.

SCHWARZMARKT DES WISSENS

Eine dialogische Inputmethode: Erfahrungswissen live – ohne Vorträge! Die »Best-of«-Schätze mehrerer Experten, Einkäufer oder Produzenten in kurzen Privatissimum-Gesprächen kennenlernen. So geht es: drei oder mehr Experten an je einem Tisch. Bis zu fünf Teilnehmer nehmen dort Platz, hören einen Fünf-Minuten-Start-Input, fragen dann nach und es kommt zum Gespräch. Nach gut 20 Minuten wechseln alle zum nächsten Tisch und gegebenenfalls folgt noch ein dritter Durchgang.

WORLD-CAFÉ, KNOWLEDGE-CAFÉ, WISSENS-CAFÉ

Diese mehrphasige Sammel- und Austauschmethode kombiniert Stationen, Bewegung, Visualisierung und die Energie kleiner Gruppen. Das ist nicht neu – der Name macht's. Amerikanische Moderatoren haben da ihre Urlaubserfahrungen in Form gegossen: aus Wien die Diskussionserfahrung im Kaffeehaus und aus Frankreich die Gesprächsnotizen auf Papiertischdecken.

KUMULIERENDE GESPRÄCHSRUNDEN IN CAFÉHAUS-ATMOSPHÄRE: An mehreren Tischen diskutieren Kleingruppen jeweils Teilaspekte einer übergeordneten Fragestellung. Auf großen »Pinnwandpapier-Tischdecken« halten sie möglichst viel davon schriftlich fest. Dann wandern alle zum nächsten Tisch – nur einer bleibt (als Tischmoderator bzw. »Gastgeber«) und erklärt der nächsten Gruppe, was hier bisher besprochen wurde. Die Neuen diskutieren im Anschluss daran weiter und halten das ihrerseits ergänzend auf der »Tischdecke« fest. Weitere Tischwechsel folgen.

So geht's Schritt für Schritt!

- Eine wichtige Fragestellung wählen, die alle betrifft, und die in drei bis fünf Teilaspekte zerlegen. Entsprechend viele mit Papier belegte Tische im Raum verteilen. Filzstifte dazulegen.

- Gruppen bilden und den Tischen zuordnen, Tischmoderatoren festlegen.
- Erste Runde: Die Gruppen diskutieren jeweils 15 bis 30 Minuten »ihr« Tischthema und halten Gedanken und Ergebnisse lesbar auf dem Papier fest (Sätze, Skizzen).
- Wechsel: Zeitgleich gehen alle zum nächsten Tisch. Nur die Tischmoderatoren bleiben und informieren die Neuen über den bisherigen Gesprächsverlauf.
- Eventuell noch ein bis zwei weitere Wechsel, dann eine Abschlussrunde im Plenum.

AUF WAS SIE ACHTEN SOLLTEN: Die Teilfragestellungen dürfen nicht aufeinander aufbauen. Die Tischmoderatoren müssen soft und straff zugleich moderieren, damit es keine Plauderparty wird, und sie achten darauf, dass das Wichtigste lesbar auf die Tischdecken kommt (manche nehmen stattdessen papierbespannte Pinnwände oder große DIN-A4-Karten). Kein zu enger Zeittakt. Details unter www.theworldcafe.com.

17. Anfangen und Aufhören

Einstieg, Überleitung, Schluss

Einstieg und Schluss vorab planen!

Anfang prägt – Ende klebt. Der Kursablauf ist klar. Spätestens jetzt heißt es spannende Ideen finden für den Trainingsauftakt und fürs Trainingsfinale. Und längere Schulungen brauchen auch Tagesabschlüsse, Einstiege in den neuen Trainingstag und Überleitungen von Modul zu Modul. Das muss weder lange dauern noch verspielt sein – aber ganz »ohne« wäre emotional und lernpsychologisch unklug.

VIER FUNKTIONEN GUTER EINSTIEGE: WAS? WOZU? WER? WIE?

Ganz zu Beginn im »Hechtsprung« mitten hinein ins Thema? Da sind die meisten Teilnehmer noch gar nicht startklar für den neuen Stoff. Stattdessen ist Orientierung angesagt – für Kopf und Herz.

WAS? INHALTLICHE ORIENTIERUNG, DAMIT MAN WEISS, WOHIN DIE REISE GEHT: Nicht mit der Tür ins Haus fallen! Als Trainer vorab den großen Bogen und das Ziel (komprimiert) erklären – ohne jetzt schon in Details einzusteigen.

WOZU? NUTZENORIENTIERUNG, DAMIT MAN WEISS, WOZU DAS GUT IST: Die Teilnehmer für das Thema »heiß« bzw. ihnen den Mund wässrig machen. Sie sollen das Gefühl haben, dass die anstehende Qualifizierung interessant und nützlich wird – inhaltlich und emotional.

WER? EMOTIONAL-SOZIALE ORIENTIERUNG, DAMIT DAS KLIMA STIMMT: Nicht nur im Raum sein, sondern auch mit Kopf und Herz ankommen. Mit den andere Teilnehmern und dem Referenten warm werden und zugleich den Arbeitsstil des Trainings erleben.

WIE? ORGANISATORISCHE ORIENTIERUNG, DAMIT DIE ECKDATEN KLAR SIND: Die wichtigsten Orga-Daten klären und auf dem Flipchart festhalten – zum Beispiel Anfangs-, End-, Essens- und Pausenzeiten.

DAS WAS UND WOZU KLARMACHEN: INHALTS- UND NUTZENORIENTIERUNG

Einfache Lösungen: Statt die Agenda kurzfristig per Beamer zu zeigen, erklären Sie sie auf einem permanent sichtbaren Flipchart-Plakat (und kommen darauf immer wieder zurück). Oder Sie drucken die Themen Ihrer Schulung plakativ auf festes DIN-A4 aus, geben jedem Teilnehmer eine Karte und erklären die Themen rundum. Sie haben dann auch immer einen, der für »sein« Thema »zuständig« ist.

»EIN-FÜHRUNG« MIT ÜBERBLICKSPLAKATEN (VERNISSAGE): Das ist aufwendiger. Zu den wichtigsten Themenfeldern stehen Poster im Raum. Sie bitten alle Teilnehmer zur ersten »Station« und erklären diese kurz. Dann wandern Sie mit allen zum nächsten Plakat. Nach drei oder vier Orientierungsplakaten starten Sie mit dem ersten Inhaltspaket. Die Plakate bleiben im Raum – an den Überleitungen kommen Sie darauf zurück (vgl. Kapitel 18).

NUTZEN UND PRAXISBEZUG ERKLÄREN: Der schönste Überblick ist für die Katz, wenn nicht klar wird, wofür die Trainingsinhalte gut sind. Das erklären Sie – besser noch, Sie erzählen Anwendungs- und Fallbeispiele oder fragen Ihre Teilnehmer, was sie sich vom neuen Stoff erhoffen.

WAS WIR NICHT MÖGEN: Erwartungsabfragen gleich zu Beginn! Am Kursanfang kommt dazu meist wenig Differenziertes. Zudem haben wir ja schon im Vorfeld danach gefragt. Zentrale Wünsche klären wir frühestens, nachdem wir unsere geplanten Themenblöcke vorgestellt haben.

DIE ANDEREN TEILNEHMER KENNENLERNEN

Vorstellen und Kennenlernen lockert die Atmosphäre, die Teilnehmer lassen sich auf mehr ein. Je nach Gruppe, Kursdauer und Lernzielen investieren wir dafür unterschiedlich viel Zeit. Manchmal verzichten wir darauf: Wo kein Eis ist, braucht es keine »Icebreaker«.

»STEHKAFFEE« UND EXPRESS-BLITZLICHT ALS SCHNELLE STARTS: Schon vor Beginn stehen Kaffee und Tee auf Stehtischen im Seminarraum. Dort treffen sich nach und nach alle – Teilnehmer und Trainer – und kommen ins Gespräch. Beim Express-Blitzlicht stellen sich alle reihum im Telegrammstil vor: Name, Arbeitsplatz und was man mit dem Kursthema zu tun hat. Der Trainer startet und zeigt zugleich, was »kurz und knapp« bedeutet. Mit bis zu 15 Teilnehmern geht das.

»KLINGELSCHILD« = TEILNEHMER-PINNWAND: Kurz vor Beginn sorgt die Steckbrief-Pinnwand für Beschäftigung und liefert zugleich Informationen für Trainer und Teilnehmer. Noch vor dem offiziellen Start tragen sich dort die Teilnehmer nacheinander ein. Zum Abschluss portraitieren sich alle gegenseitig und kleben ihr »Foto« in die eigene Zeile. Das gibt Gelächter und erleichtert den Kontakt. Die Pinnwand bleibt das ganze Training über sichtbar im Raum.

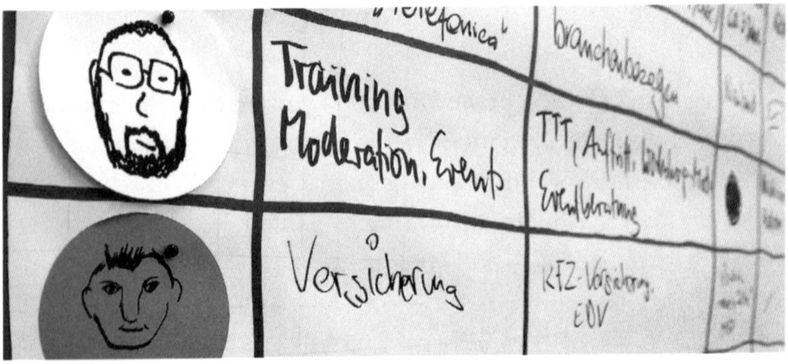

LÜGENGESCHICHTEN: Jeder outet sich mit zwei kurzen Aussagen – eine davon stimmt, die andere ist geflunkert. Die Auflösung bleibt – zumindest zu Kursbeginn – geheim. Das passt u. a. für Teilnehmer, die sich teilweise schon kennen.

SEILAUFSTELLUNG – PLUS MIKROFON-INTERVIEW: Das bringt Bewegung und Austausch. Wir legen ein Seil quer durch den Raum (als Skala), beschriften die Enden mit »minimal« und »maximal«, stellen eine Frage und bitten jeden, »seine« Position auf dieser Skala einzunehmen. Fragen lässt sich nach der Entfernung zwischen Geburtsort und Trainingsort, nach den Jahren der Unternehmenszugehörigkeit, nach der bisherigen Erfahrung mit dem neuen Thema, ... Dann interviewen wir einzelne Personen kurz, warum sie genau hier stehen. Natürlich wird das kein Kreuzverhör (vgl. Kapitel 22).

KENNENLERNEN MIT GEGENSTÄNDEN ODER FOTOS: Bei längeren Kursen bringen alle einen persönlichen Gegenstand zum Training mit und stellen dann sich, den Gegenstand und dessen Bezug zum Trainingsthema (kurz!) vor. Alternativ: Viele markante Gegenstände sind bereits im Raum (Werkzeug, Spielzeug, ...), und die Teilnehmer wählen das Objekt aus, das sie spontan anspricht. Anschließend erklärt jeder, was das mit ihm und dem Trainingsthema zu tun hat. Weniger transportaufwendig: markante Fotos oder Bildkarten, aus denen die Teilnehmer ihre Favoriten wählen – das erinnert ein wenig an Religionsunterricht.

DAS KENNENLERNEN IN GRUPPEN VERLAGERN: Dort stellt man sich kurz gegenseitig vor und bearbeitet dann eine Fragestellung, zum Beispiel »Was wir mit dem Thema zu tun haben« oder »Was wir zum Thema wissen wollen«. Die Gruppen präsentieren das anschließend im Plenum (mit Flipchart). In der nächsten Runde arbeiten dann die zusammen, die bisher noch nichts miteinander zu tun hatten.

WAS WIR NICHT MÖGEN: Partnerinterviews, an die sich ein gegenseitiges Vorstellen vor großer Runde anschließt. Das dauert lange, oft verwechselt man später die vorstellende Person und die vorgestellte Person, und nicht alle sind darüber froh, was dabei öffentlich über sie berichtet wird.

ABSCHLIESSEN: DEN SACK ZUMACHEN

Beim Zirkus kommen zum Finale nochmals alle in die Manege. Elefanten und Tänzerinnen werden Sie nicht engagieren, aber ein guter Schluss rundet Ihr Training ab – also nicht schwuppdiwupp und Ende!

WAS-NEHME-ICH-MIT-BLITZLICHT UND FINALES KOFFERPACKEN: Zwei Blitzlicht-Varianten mit etwas Nachdenkzeit und dann einer nicht ganz so zackigen Rundum-Abfrage. Wer Metaphorik will, lässt dazu einen Gegenstand von Teilnehmer zu Teilnehmer wandern, zum Beispiel ein Feuerzeug (Erleuchtung), einen Kristall (als Fundstück) oder unser goldenes Ei (als Nugget bzw. Drachen-Ei). Beim »Kofferpacken« sitzen alle im engen »Lagerfeuer«-Stuhlkreis. In der Mitte stehen drei Koffer. Die Fragen für dieses Schluss-Blitzlicht:

- Was nehme ich mit für mich?
- Was packe ich in den Koffer der Trainer?
- Was packe ich in den Koffer des Veranstalters?

INHALTSREVUE: Die wichtigsten Inhalte, Botschaften, Argumente oder Folgeschritte nochmals kurz und prägnant ins Plenum bringen. Mit etwas Vorbereitung können das auch Teilnehmer übernehmen – wahlweise sachlich-cool, als Diashow, als Zukunftsszene oder als fiktive Radio- bzw. TV-Reportage.

ZUKUNFTSPROGNOSEN, BACK-HOME-STRATEGIEN: Wie wird es mit diesem Thema weitergehen? Was werden Chefs, Kollegen oder Kunden dazu sagen? Was hilft, wenn es schwierig wird? Das war sicher schon vorher im Training Thema. Spätestens jetzt kommt es nochmals auf den Tisch – als Gesprächsrunde im Plenum oder in Gruppen.

»ABSCHIED NEHMEN«: Je nach Kursdauer, Kursthema und persönlicher Betroffenheit braucht es einen emotionalen Schluss. Sich von anderen verabschieden, gemeinsam Umsetzungspläne schmieden bzw. sich für informelle Follow-ups verabreden und noch einen Schluss-Kaffee miteinander trinken. Dafür Zeit einplanen – nicht erst auf den letzten Drücker!

ZERTIFIKATÜBERGABE ZELEBRIEREN: Manchmal bitten wir alle, sich am hinteren Ende des Raums aufzustellen. Dann spielen wir pathetische Musik (zum Beispiel »It's Time to Say Goodbye«), rufen jeden einzeln nach vorne, bitten um Applaus und überreichen die Teilnahmebescheinigungen. Formloser ginge das natürlich auch.

ÜBERLEITUNGEN SCHLAGEN BRÜCKEN

Auch Trainingstage und Trainingsmodule brauchen Starts, Abschlüsse und Überleitungen. Im Prinzip sind das kleine Abschlüsse und kleine Einstiege, zum Beispiel ins kommende Modul oder für den nächsten Tag.

EINSTIEG IN DEN ZWEITEN ODER DRITTEN TRAININGSTAG: Ein orientierender Überblick mit permanent sichtbarer Agenda, die Kernaussagen (Botschaften) des neuen Tages, eine Story, die den Nutzen deutlich macht, eine Frage, die man am Ende des Tages beantworten kann.

TAGES-SCHLUSSBLITZLICHT – DEN LERNGEWINN VERORTEN: »Was war mir heute wichtig?« Jeder Teilnehmer stellt sich im Raum dort auf, wo er den größten Lerngewinn hatte, zum Beispiel nahe der Leinwand, am Platz der Gruppenarbeit oder an der Tür, wenn die »Erleuchtung« draußen stattfand. Dann interviewt man Einzelne, warum sie gerade an dieser Stelle stehen.

TAGESRÜCKBLICK AM NÄCHSTEN MORGEN: Lerninhalte mehrfach absichern – spätestens am Morgen des Folgetages, zum Beispiel in einer Mini-Konferenz (»Drei Merkpunkte aus dem Vortag«), als Trainer-Zusammenfassung des Vortags, als »Wiederholung on demand« (Teilnehmer sammeln, was sie nochmals hören wollen), als Quiz, »Test« oder Diashow mit den besten Fotos des Vortags. Oder die Teilnehmer improvisieren eine fiktive TV-Sendung »Zu gestern«.

PRE UND POST:
AKTIVITÄTEN VOR UND NACH DEM TRAINING

Lassen Sie Ihre Trainings früher beginnen und später enden! Flankierendes PRE und POST verlängert die »Wirkzeit« ohne zusätzliche Tage.

PRE: TEILNEHMER VORGLÜHEN! Beispielsweise mit einer Abfrage vorab, mit kurzen (!) Vorab-Texten oder einer zu lösenden Aufgabe.

POST: AUCH DER SCHLUSS IST NICHT DAS ENDE! Vielleicht haben Sie auch nach dem Kurs noch Ihre Finger im Spiel, sichern Inhalte und Botschaften, flankieren »back-home« oder forcieren die Kooperation zwischen den Teilnehmern. Zumindest aber haben Sie geklärt, wer dafür zuständig ist.

BEISPIEL EINER »DREI-DRITTEL-LÖSUNG«: Die Führungstrainings eines Automobilbauers bestanden aus drei Teilen: Ein Drittel der Aktivität vor dem Training (zum Beispiel Lösen von Aufgaben – nur dann konnte man teilnehmen), ein Drittel Trainingszeit und dann nochmals Aufgaben im Anschluss. Erst dann gab es das Zertifikat.

D

Sinnlich-Mediales

18. **Papiermedien und Medienmix:** Flipchart, Pinnwand, Kleinplakate
19. **Mit Beamer präsentieren:** Folien-TÜV und Folien-Führerschein
20. **Digitaler Werkzeugkoffer:** Bereicherung fürs Präsenztraining

18. Papiermedien und Medienmix

Flipchart, Pinnwand, Kleinplakate

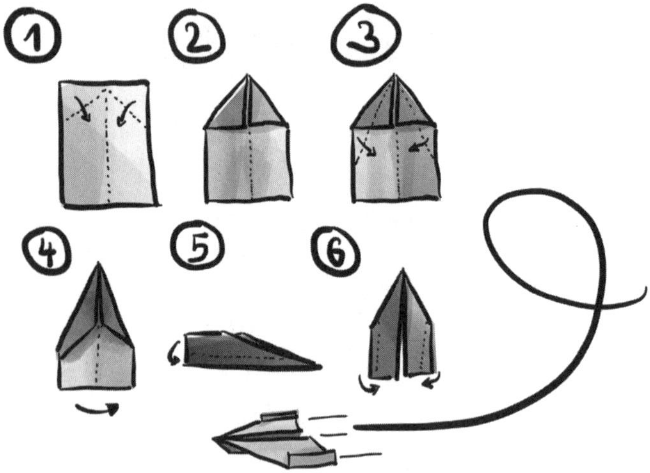

Papier im Training - Nur eine von vielen Möglichkeiten

Es gibt ein Leben jenseits von PowerPoint. Aber Sie müssen nicht all Ihre Foliensätze wegwerfen! Kombinieren Sie Ihre Lichtbilder mit »Papiermedien«, zum Beispiel mit Flipchart, Pinnwand, Kleinplakaten und Pocket-Material. Als Medienmix bringt das Abwechslung zur Folienschlacht. Vor allem aber eröffnen diese »Langfrist-Medien« viele Aktivierungs- und Inszenierungsmöglichkeiten.

MEDIENVIELFALT: ALLE OPTIONEN NUTZEN

Weniger mediale Monotonie – mehr Vielfalt! Langweilige oder schlechte Folien müssen Trainer auf der Tonspur ausgleichen. Papiermedien sind da einprägsame Alternativen oder Ergänzungen. Manche Trainings kommen ganz ohne Folien aus. Das hat Reiz.

MAL »FIX-UND-FERTIG«, MAL »LIVE«: »Fertig-Medien« werden fix und fertig mitgebracht. Da ändert sich nichts mehr. »Live-Medien« entstehen vor den Augen des Publikums – ad hoc auf Flipchart oder Pinnwand. »Teilfertig-Medien« sind eine Zwischenlösung: weitgehend fertig, wobei der Trainer händisch vor dem Publikum ein paar wenige, aber wesentliche Komponenten ergänzt.

PAPIERMEDIEN BLEIBEN LÄNGER SICHTBAR: Wand-, Pinnwand- oder Flipchart-Plakate sind »Langfrist-Medien« und eignen sich für Kernaussagen, Instruktionen und die Agenda. »Lichtmedien« sieht man nur kurze Zeit – entsprechend kurz ist ihre Wirkungsdauer. Folien sind typische »Kurzfrist-Medien«. Flipchart-Blätter, die man schnell nach hinten wegflippt, sind ebenfalls Kurzfrist-Medien. Schade drum!

ZWISCHENDURCH IST SELBSTGEMACHTES ANGESAGT – WIE BEI KUCHEN UND MARMELADE: Grafische Perfektion sagt nichts über die Lernwirkung. Nutzen Sie alle Optionen: händisch erstellte Plakate und Großformate aus dem Copyshop, Grafiker-Poster und zwischendurch Adhoc-Handskizzen (die haben Sie gegebenenfalls vorher geplant).

IN DEN DARSTELLUNGSFORMEN VARIIEREN: Je nach Inhalt und Lernziel abstrahieren Medien unterschiedlich. Auch hier die ganze Bandbreite: Abbildung (Foto, Skizze), Infografik, Schema- oder Strukturbild (Tabelle, Grafik), Spiegelstrichaufzählung, Stichworte, Textblock oder Formel.

LASSEN SIE IHRE TEILNEHMER PAPIERMEDIEN ERSTELLEN: Poster sind meist Trainerprodukte. Einen höheren Lerneffekt haben Plakate, die Teilnehmer mitbringen oder vor Ort erstellen, zum Beispiel Lernplakate, Gruppenarbeitsergebnisse, Ziel- oder Lernlandkarten sowie Poster fürs Lernen durch Lehren (vgl. Kapitel 16).

GRAFISCHE QUALITÄTSKRITERIEN FÜR FLIPCHART- UND PINNWANDPOSTER

Fünf Qualitätskriterien, damit sich Großformate wirklich sehen lassen können. Die gelten auch für Großflächenposter, die im Copyshop hochkopiert wurden (auf 300 oder 400 Prozent):

1. Nicht kleiner als Flipchart-Format! Poster gewinnen durch Größe.
2. Aus mindestens sieben Metern noch gut lesbar! Beim Schreiben wirkt das klobig. Aber machen Sie den 7-Meter-Test oder schauen Sie sich Ihre Schrift aus der letzten Reihe an!
3. Klare Struktur: kurze markante Überschriften. Sofort erkennbar, was zusammengehört bzw. was sich gegenübersteht. Sinnblöcke, Kästen, Rahmen oder Ablaufdiagramme unterstützen das.
4. Nicht nur Text! Möglichst auch Grafiken, Schemazeichnungen, Skizzen, Fotos.
5. Gleiche Farbe – gleicher Sinn! Also nicht einfach nur bunt, aber auch nicht einfarbig.

TIPPS FÜRS SCHREIBEN UND ZEICHNEN IN »HANDARBEIT«

SIE MÜSSEN NICHT »SCHÖN« SCHREIBEN, ABER GUT LESBAR WÄRE NETT: Schreibtempo reduzieren! Eine schwungvolle Handschrift interessiert nur Grafologen. Also mehr schnörkelarme Einzelbuchstaben oder eine reduzierte Schreibschrift.

»BESENSTILSTIFTE« NEHMEN: Nehmen Sie dicke Marker mit Keilspitze (je nach Hersteller ca. zehn Millimeter Strichbreite). Beim Schreiben wirkt das klobig, aber es geht um Weitenwirkung. Rundkopfstifte vermeiden Sie besser – die ergeben Spinnenbein-Striche.

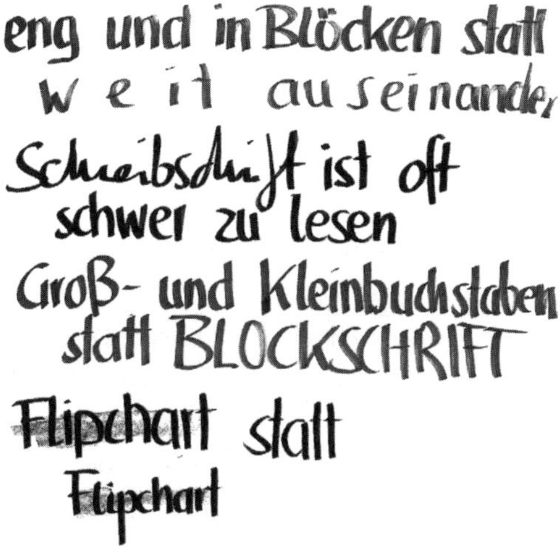

IMMER VOLLE KANTE: Schreiben ist Haltungssache. Konsequent mit einer voll aufgesetzten Stiftkante schreiben und dabei den Stift nicht mehr drehen.

SCHRIFT MITTIG AUF 50 PROZENT AUFBLASEN: Für Ober- und Unterlängen dann jeweils 25 Prozent der Gesamtschrifthöhe. Das liest sich aus der Entfernung besser und braucht trotzdem nicht mehr Platz.

»HILFE, ICH KANN NICHT ZEICHNEN!« »Schöne« Bilder machen Eindruck – für den Lerneffekt sind sie aber nicht zentral. Also keinen Kunstanspruch! Markante Kritzelbilder sind durchaus in Ordnung.

DAS RISIKO DER BILDVORLAGEN: Unter »Graphic Recording« und »Flipchart-Gestaltung« finden Sie im Netz viele Bildsprache-Icons. Die meisten brauchen Sie nicht, und viele gehen in Richtung Comic. Das passt nicht für alle Zielgruppen. Ihre Bilder sind einmaliger!

PINNWAND UND FLIPCHART – KLUG GENUTZT UND INSZENIERT!

Wo stehen Pinnwand und Flipchart? Wer eine Beamer-Projektionsfläche braucht, stellt Pinnwand und Flipchart rechts und links daneben – ein wenig wie die seitlichen Altarflügel eines Triptychons. Wenn gar kein Platz ist, kleben Sie Ihre Papiermedien an die Seitenwände. Bei großen Räumen installieren wir zwei »Bühnenräume« – einen für die Projektion und den zweiten in der hinteren Raumhälfte als Sitzkreis mit mehreren Pinnwänden (vgl. Kapitel 22).

TON- UND BILDSPUR SYNCHRONISIEREN: Zeigen Sie auf die betreffende Plakatstelle und greifen Sie den dortigen Text stichwortartig auf. Die Teilnehmer wissen dann immer, welchen Teil des Plakats Sie gerade besprechen.

TOUCH – TURN – TALK: Nicht zum Poster sprechen! Schreiben und Reden zeitlich trennen! Das Prinzip: »Mach immer nur eins!«

- Stumm zum Poster gewandt schreiben
- Nun eine Wende zum Publikum – samt Blickkontakt
- Jetzt die Erklärung

PLAKAT ALS ÜBERRASCHUNG: Vorbereitete Plakate nadeln Sie auf die Pinnwand-Rückseite, kündigen sie mit einem kurzen Prolog an und drehen sie dann per »Pinnwand-Pirouette« zum Publikum. Oder wie bei einer Denkmalsenthüllung: Plakat mit einem Tuch verdecken und das nach dem Prolog wegziehen.

DON'T FLIP THE FLIP: Das Flipchart ist eine der wenigen Erfindungen, die nach ihrem Produkt-Nachteil benannt sind: Da flippt man die schönsten Visualisierungen ruckzuck weg. Schade drum. Besser wäre es, sie blieben alle sichtbar – zum Beispiel an den Wänden.

KLEINPLAKATE, POCKET-MATERIAL, TEILNEHMERUNTERLAGEN

KLEINPLAKATE AUSGEDRUCKT AUF FESTEM DIN-A3- ODER DIN-A4-PAPIER: Auf ihnen stehen die wichtigsten Stichworte oder Icons. Die verteilen wir an die Teilnehmer, behaupten, es sei kein Zufall, dass gerade diese Karte bei ihnen lande, und erklären jeden ab sofort zuständig für »sein« Stichwort. Die Teilnehmer bringen die Karten dann gemeinsam in die richtige Reihenfolge oder clustern sie an der Pinnwand. Oder die Kartenhalter (als »lebender Flipchart«) zeigen immer dann auf, wenn »ihr« Thema gerade dran ist (vgl. Kapitel 11).

BODENINSTALLATION – INHALTE »ERDEN«: Kleinplakate lassen sich auf dem Fußboden clustern oder visualisieren Ablaufschritte großflächig auf dem Boden. Die Verbindungslinien kleben wir mit Tesakrepp. Auch da ist es aktivierend, möglichst vielen Teilnehmern je ein Kleinplakat in die Hand zu drücken.

KLEINES POCKET-MATERIAL – AUFFÄLLIG ANDERS: Gedruckt auf festes Papier und gegebenenfalls kaschiert. Als Merk- oder Spickzettel klein wie Post- oder Scheckkarten, auch als Leporello. Auf ihnen stehen die Schlüsselwörter oder die wichtigsten Schritte eines Ablaufs – zum Beispiel als Instruktionsblatt (vgl. Kapitel 14). Idealerweise nehmen die Teilnehmer dieses Kleinmaterial mit an ihren Arbeitsplatz.

TEILNEHMERUNTERLAGEN – WANN AUSTEILEN? Viele Trainer verteilen ihre Unterlagen erst am Kursende und umgehen so das gefürchtete Vorblättern. Aber nicht alle Teilnehmer werden dieses Material später nacharbeiten, niemand ist mit den Unterlagen vertraut, und Notizen konnte sich auch niemand machen. Vorab ausgeteilt wäre »kundenfreundlicher«. Abhilfe gegen wildwüchsiges Blättern: Die Unterlagen decken nicht alles zu 100 Prozent ab – erst der Trainervortrag setzt die letzten Akzente, und die schreibt man mit. Oder Trainer steuern mit klarer Regieanweisung: »Jetzt kommen wir zum Thema X. Schlagen Sie doch bitte alle Seite 25 auf!« Übrigens: Vorblättern ist auch ein (lästiges) Signal für zu langsamen Unterricht.

19. Mit Beamer präsentieren

Folien-TÜV und -Führerschein

PowerPoint-Skorbut ist eine gefährliche Mangelkrankheit. Sie droht Teilnehmern, die überdosiert monotone Folien vorgesetzt bekommen – ohne ergänzende Vitamine. Zwar fallen ihnen nicht die Zähne aus wie damals den Schiffsbesatzungen, aber es steht zu befürchten, dass im Lernprozess Ausfallerscheinungen drohen. Dem kann man vorbeugen – mit Medienmix und Medieninszenierung.

WAS ÜBERGEORDNET WICHTIG IST

Die Beamer-Projektion hat die Trainingswelt erobert. Aber es gibt Schwachpunkte: Alles wird ruckzuck in Folienlayouts gepackt. Das gibt zu viele Folien – und die auch noch in eintönigem Einheitslayout. Zu viele »Bullshit-Folien« – grafisch Gestyltes mit schwachem Inhalt. Vor allem aber ist die Projektion an der Wand noch nicht genug. Sie muss Teilnehmern unter die Haut gehen oder in deren Hirne vordringen.

SIEBEN TIPPS:

1) Folien schlachten statt Folienschlachten! Jede Folie weniger stärkt die verbleibenden!
2) Nicht alles auf Folien visualisieren! Es gibt die Tonspur und weitere Medien.
3) Ton- und Bildspur sollten sich ergänzen – nicht verdoppeln.
4) Maximal sieben Folien am Stück – dann ist Abwechslung oder Aktivierung angesagt.
5) Pro Folie zwei Minuten im Schnitt – Folien brauchen Zeit!
6) Foliensätze sind keine Teilnehmerunterlagen – da gelten andere Gestaltungskriterien.
7) Foliensätze sind kein Trainermanuskript – das verführt nur zum Ablesen.

GRAFISCHE QUALITÄTSKRITERIEN: DER FOLIEN-TÜV

Wie beim Auto: Es wird nicht mehr lange dauern, und Sie dürfen nur noch mit amtlich zugelassenen Folien auf die Straße. Hier die inhaltsneutralen Prüfkriterien für das Checken Ihrer Folien:

Zertifizierte Folie WuP www.wup.info

☑ FOLIEN-EROTIK?
Liebe auf den ersten Blick: 0 bis 100 Grad heiß?

☑ KLARE STRUKTUR?
Zusammenhänge sofort erkennbar?

☑ ABGESPECKT?
Keine Fülle! Kein Fließtext!

☑ AUGENARZT-FOLIEN?
Aus Entfernung lesbar – ohne Brille und Fernglas?

☑ MIT BOTSCHAFT UND TITEL?
Botschaft/Kernaussage klar?
Macht die Überschrift neugierig?

☑ DOSIERT FARBIG?
Gleiche Farbe – gleicher Sinn!

☑ MAXIMAL FÜNF PRO PAGE!
Höchstens fünf »Aufzählungszeichen« pro Folie!
Aber fürs Strukturieren gibt es Spannenderes!

☑ MEHR BILDER!
Groß! Flächenfüllend!
Fotos, Skizzen, Strukturbilder!

VIELFALT IST ANGESAGT: Bullet-Point-Aufzählungen reißen auf Dauer niemanden vom Hocker. Nutzen Sie »logische Bilder« (Tabellen, Grafiken), Abbilder (Fotos), Strukturbilder, Schemazeichnungen oder Skizzen.

EIN PLÄDOYER FÜR DEN »DIAVORTRAG«: Sie zeigen und kommentieren große, leinwandfüllende Fotos (auf schwarzem Hintergrund) – kein Layout-Rahmen, kein oder kaum Text, nur das markante Foto und Ihr Lehrvortrag. Das ist einprägsamer als das übliche Folienlayout.

HANDGEZEICHNETE FOLIEN: Zeichnen Sie Skizzen auf Papier, scannen Sie diese ein und integrieren Sie die Bilder in Ihre PowerPoint-Folie. Das können Sie mit ergänzender Maschinenschrift aufpeppen.

GELEGENTLICH MENETEKEL-FOLIEN: Die alttestamentarische Story von der flammenden Leuchtschrift »Mene mene tekel…« an König Belsazars Palastwand müssen Sie nicht kennen. Für Trainerfolien interessant sind der dunkle Hintergrund und die große helle Schrift darauf (siehe Abbildung). Das macht ausgewählte Folien sehr markant – zum Beispiel Gliederungsfolien. Sie können das auch »inverse« Folie nennen.

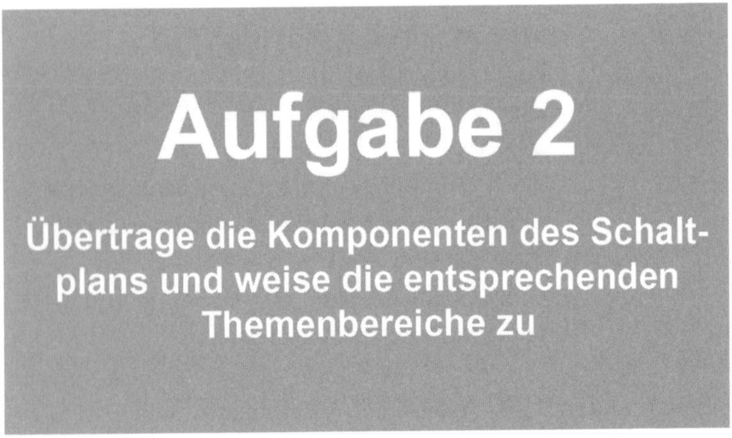

SCHRIFTGRÖSSEN: Die hängen von der Leinwandgröße und der Entfernung des Beamers ab. Meist schadet »etwas größer« nicht. Eine politisch nicht ganz korrekte Empfehlung: »Kleinste Schriftgröße ist Alter des ältesten Teilnehmers geteilt durch zwei«.

VOM FLUCH DER CI-LAYOUT-VORGABEN: Corporate Identity will ein einheitliches Erscheinungsbild des Unternehmens nach außen. Meist wurde das für Printmedien entwickelt und dann einfach aufs Folienlayout übertragen. Lernpsychologisch ist das kein Gewinn (zumindest für Mitarbeiter): Alles sieht ähnlich aus – es fehlen Konturen fürs Merken. Andererseits lohnt der Kampf gegen fest zementierte Vorgaben nur bedingt. Vielleicht setzt man stattdessen auf Papiermedien, auf eine kreative Tonspur oder auf alternative Methoden.

FAHRPRÜFUNG ZUM FOLIEN-FÜHRERSCHEIN

Im nächsten Jahr greift die neue Folienverordnung: Sie brauchen den Folien-Führerschein! Der bescheinigt, dass Sie Folien professionell »fahren« können (insbesondere grafisch schwache). Bei dieser Prüfung fallen viele Trainer durch. Hier die klassischen Fehler:

FEHLER 1: Im Bild stehen und Teile der Präsentation verdecken.

FEHLER 2: Ohne »Presenter« (Klicker) arbeiten. Das macht immobil! Sie stehen oder sitzen dann immer am Rechner, statt zwischendurch durch den Raum zu gehen.

FEHLER 3: Zu viele Folien zu schnell vortragen – ohne Pause dazwischen! Besonders ärgerlich, wenn Sie ganz schnell zur gesuchten Folie durchklicken, aber keine Zeit zum Anschauen lassen. Besser: Die Nummer der gesuchten Folie eingeben und auf »Enter« drücken (im ppt-Präsentationsmodus).

FEHLER 4: Wie in der Grundschule alles laut vorlesen – und das möglichst auch noch ohne Sprach-Bild-Synchronisation. Niemand weiß dann, über welche Stelle der Projektion Sie gerade sprechen.

FEHLER 5: Teilnehmer nicht aktivieren. Keine Fragen, keine Beteiligung, keine erzählten Beispiele, keine mediale Ergänzungskost.

FEHLER 6: Auf FFZ verzichten. Richtig wäre, Sie schalten für die »Folienfreien Zone« das Beamerbild auf »schwarz«. An der Wand ist dann nichts und alle Aufmerksamkeit beim Trainer. Sie erzählen in dieser Zeit Beispiele, stellen Fragen, gehen zu Flipchart oder Pinnwand. Technisch bewirkt das die Taste »B« (= black) im Präsentationsmodus von PowerPoint. Alternativ: In die Präsentation »Schwarzfolien« einfügen – als Reminder, dass hier etwas auf der Ton- oder Aktionsspur geplant ist. Falls es dann zeitlich doch eng wird, klicken Sie einfach zur nächsten Folie. Das merkt niemand.

FEHLER 7: Wichtige Folien ohne »4-A-Inszenierung« zeigen. Folien an die Wand werfen und zeitgleich erklären erzeugt Medienkonkurrenz: Weder das Lesen noch das Zuhören bekommen hundertprozentige Aufmerksamkeit. Bei wichtigen Folien setzen Sie stattdessen auf die vier Schritte der 4-A-Inszenierung. Die trennt Lesen und Zuhören um (wichtige) Sekunden.

FFZ = FOLIENFREIE ZONE!

Zwischendurch ohne Lichtbild reden!
Im Präsentationsmodus bei PowerPoint die B-Taste (= black) drücken oder ein »Schwarzbild« in den Foliensatz einbauen. W = white = macht hell.

4-A-INSZENIERUNG

Nur Dussel werfen Folien an die Wand und reden zeitgleich gegen das eigene Bild – das splittet die Aufmerksamkeit.
Abhilfe schaffen die vier **A**-Schritte:

(1) **A**nkündigen (bevor man die Folie sieht)
(2) Kommentarlos **A**nschauen lassen (ein paar Sekunden)
(3) Erst jetzt **A**rklären = Abarbeiten
(4) Jetzt den **A**bschluss-Satz – bei komplexen Folien

UND WAS IST MIT PREZI?

Prezi-Präsentationen machen was her. Vor allem aber ist die ganzheitliche Darstellungsform dieser cloud-basierten Software eine Alternative zum atomistischen Nacheinander von PowerPoint. Alle Prezi-Inhalte sind auf einer großen virtuellen Arbeitsfläche verfügbar – dem interaktiven Whiteboard. Auf dieser Präsentationsfläche können Sie Textfelder, Bilder oder Filme einfügen und vor Publikum vergrößern, verkleinern, drehen oder verschieben. Nicht nur für die Darstellung von Zusammenhängen hat das Charme. Beispiele, Beschreibungen und Tutorials finden Sie im Netz, zum Beispiel unter www.prezi.com.

Bilder an der Wand sind wenig wert – sie müssen Kopf und Herz erreichen.

20. Digitaler Werkzeugkoffer

Bereicherung fürs Präsenztraining

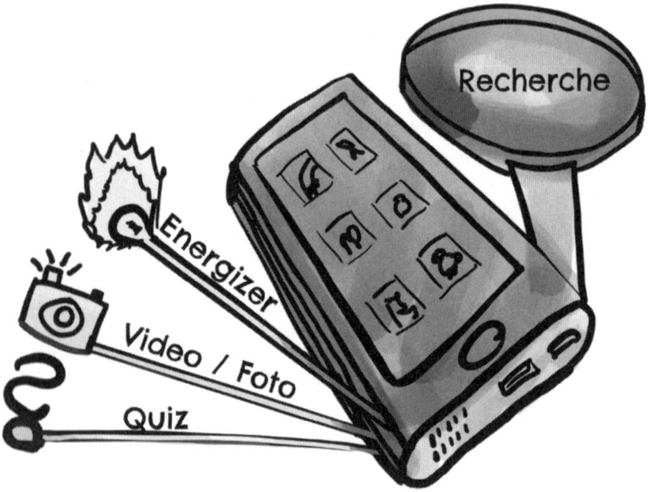

Taschenmesser 2.0

Statt »Bitte keine Handys und Rechner im Unterricht!« versuchen wir zwischendurch Smartphones, Tabletcomputer und Rechner gezielt ins Präsenztraining zu integrieren. Für technikaffine Zielgruppen und Trainer hat das Potenzial und schlägt die Brücke zu Webinaren, Lernprogrammen und Blended Learning.

DA IST NOCH POTENZIAL DRIN!

Bei langen Kursen mit viel Stoffvermittlung sind Trainer und Teilnehmer heilfroh über attraktive Methoden- und Medienwechsel. Digitale Werkzeuge sind da eine bisher kaum genutzte Möglichkeit. Technikaffinen Zielgruppen helfen sie über Lernplateaus hinweg. Hier unsere bunte Ideensammlung digitaler Zuckerstückchen im Präsenztraining – anreichert u. a. von Guido Hornig, Dr. Sandra Schön, Matthias Weißenborn, Michael Ziereis und Kolleginnen und Kollegen aus dem WUP-NETZWERK.

TEILNEHMER-RECHERCHE IM NETZ

Im laufenden Training sammeln die Teilnehmer gezielt Anleitungen, Infos, Erfahrungen, YouTube-Videos oder Bilder zum Schulungsthema, werten alles aus und präsentieren später ihre besten Fundstücke im Plenum. Das eignet sich gut als Kleingruppenarbeit.

TEILNEHMER DOKUMENTIEREN

Früher verteilten wir im Training Kameras und baten darum, ausgewählte Trainingssituationen zu fotografieren – aus Teilnehmersicht. Jetzt bitten wir alle, ihre Smartphones oder Tablets dafür zu nutzen und gezielt Fotos zu schießen, sekundenkurze Videos zu drehen oder Wortwolken zum Trainingstag zu erstellen und später oder am Folgetag eine Auswahl davon kommentiert zu zeigen. Lädt man die Teilnehmer zu einem gemeinsamen Trello-Board ein (http://trello.com), bleiben die Ergebnisse auch über das Training hinaus erhalten.

KOLLABORATIV NOTIZEN ERSTELLEN

Als Gruppe mit Smartphones oder Tablets interaktiv an virtuellen Whiteboards arbeiten, einfache Erklär-Videos herstellen (zum Beispiel mit http://explaineverything.com) oder während eines Lehrvortrags Fragen und Ideen sammeln bzw. Aufgaben bearbeiten (beispielsweise mit https://titanpad.com oder trello.com).

E-MAIL IN DIE ZUKUNFT

Das ist die elektronische Variante vom »Brief an mich« (vgl. Kapitel 7). Bei der handgeschriebenen Version notiert sich jeder Teilnehmer seine persönlichen Merkpunkte (»merk-würdig!«) oder Vorsätze auf einen Briefbogen, steckt den am Ende des Trainings in einen Briefumschlag mit Briefmarke und persönlicher Adresse. Der Trainer gibt den Brief nach zwei bis drei Monaten in die Post. Bei der elektronischen Version schreibt sich jeder selbst eine E-Mail und verschickt diese mit »Übermittlung verzögern« zu seinem Wunschtermin. Verzögerte Mails können auch an Lernpartner gehen.

UMFRAGEN IM STIL VON TED-ABFRAGEN

Mit Smartphones lassen sich schnell und ohne Download Abstimmungen, Umfragen für Feedback sowie interaktive, sofort sichtbare Ideen-Sammlungen erstellen (https:/docs.google.com/forms). Wer den Umfrage-Link auf sein Handy holt, kann abstimmen.

TEILNEHMER PRODUZIEREN LERN-CLIPS

Millionen von Lernvideos auf YouTube machen es vor. Heute hat fast jeder eine HD-Kamera in Form eines Smartphones dabei und kann Videos produzieren. Fürs Training heißt das: Teilnehmergruppen nehmen Abläufe, Sachverhalte oder Szenen auf – ein bis zwei Minuten, ohne viel Bearbeitung und Vertonung. Die HD-Kamera im Handy, eine Filmidee und ein wenig Zeit genügen. Den Videoclips darf man das authentische »do it yourself« ansehen. Das ist oft gerade das Reizvolle – zumindest, wenn die Welturaufführung im geschützten Rahmen des Trainings stattfindet. Vom Format her sind das kurze Interviews, Szenen, Dialoge, Parodien, Zukunftsszenarios. Auch als Teamentwicklungsprojekt gut geeignet, wenn man anschließend den Prozess reflektiert.

SELBSTLERNPROGRAMME IM TRAINING

Gut in Erinnerung sind uns Pauktrainings für das Gefahrgut am Flughafen. Endlos viele Symbole und 3-Letter-Codes aller Flughäfen der Welt (MUC, VIE, ZRH, …) mussten sicher gelernt werden. Der

foliengestützte Lehrvortrag war damals das didaktische Notprogramm. Lernlust hat das nicht geweckt. Inzwischen gibt es viele Selbstlernprogramme und auch genügend Technik, um die Programme in Seminarräumen für alle einzusetzen. Die Idee: Selbstlernprogramme als methodisch-mediale Abwechslung zwischendurch auch im laufenden Training einsetzen. Nicht nur http://learningapps.org bietet dafür einen kostenlosen Baukasten.

ONLINE-TESTS IM TRAINING

Persönlichkeitstests und Selbsteinschätzungs-Checklisten gibt es viele im Netz. Einen ausgewählten Test füllen alle Teilnehmer im Training individuell aus. Anschließend bespricht man die Auswertung und die Konsequenzen.

VIDEOKONFERENZEN

Nicht immer bekommt man Experten oder Führungskräfte für eine Expertenbefragung (vgl. Kapitel 9) live ins Training. Da sind Videokonferenzen eine interessante Lösung.

QUIZ, RÄTSEL UND LERNSPIELE

Gut gemachte »Gruppenquiz-Wettkämpfe« bringen Energie und helfen Lernergebnisse spielerisch zu sichern. Die Inhalte solcher Quizze müssen Trainer immer noch selbst entwickeln. Aber für »Verpackung« und Abwicklung stehen Webdienste und kostenlose Quizmaker zur Verfügung (zum Beispiel http://getkahoot.com oder http://lern.link/freequiz). Es geht relativ einfach: Quiz-Strukturen herunterladen, mit dem Lernstoff füllen und damit Stoff-Wiederholungen im Quiz-Format starten. Die Teilnehmer nutzen dazu ihre Smartphones.

QR-CODES

Teilnehmer mit QR-Codes neugierig machen. Mit etwas Liebe zum Detail können Sie QR-Code-Rallyes im und um das Gebäude inszenieren.

LERN- UND ERKLÄR-VIDEOS

Das sind zum Beispiel vorgeplante schnelle Bildfolgen, die virtuell oder händisch gezeichnet vor den Augen des Betrachters entstehen und einen Sachverhalt erklären (zum Beispiel www.bimsev.de). Die heißen u. a. »Motion Scribble« oder »Whiteboard-Video«. Handgestrickte Erklär-Videos nutzen vorgefertigte Bildelemente, bewegen diese auf einer Unterlage, ergänzen sie mit einigen Strichen oder Worten und sprechen dazu einen kommentierenden Text. Natürlich kann man diese Videos auch aufwendiger erstellen, aber Reduktion und Einfachheit haben Charme.

LERNSTOFF MIT MUSIK ANKERN

Als Erfolgssicherung (vgl. Kap. 7): Die Kernaussagen sind vermittelt, erarbeitet und geklärt. Jetzt bittet man die Teilnehmer, dafür ihre persönliche »Merk-Musik« zu wählen. Nach einer Pause oder am nächsten Morgen spielt man jeweils die ersten Takte im Plenum an.

ONLINE GEHTS NOCH WEITER

Da sich Technik und Möglichkeiten schnell ändern, gibt es auch ein Forum dazu: http://lern.link/WUP. Lassen Sie uns wissen, wenn Sie weitere Möglichkeiten ausprobiert haben.

Endlich Platz für unser Nashorn – das WUP-Wappentier aus Diderots Enzyklopädie der Welt. Mehr in www.wup.info/nashorn-clara.html

E

Lernenergie, Raum, Turbulenzen

21. **Zusatz-Energie freisetzen:** Erlebnis, Aktivierung, Energizer
22. **Raumnutzung:** Sitzordnung, Bewegung, Bühne
23. **Schwierigkeiten meistern:** Turbulenzen, Krisen, Pannen

21. Zusatz-Energie freisetzen

Erlebnis, Aktivierung, Energizer

Ein totes Pferd soll man nicht reiten
(indianisches Sprichwort)

Lahmer Unterricht wird durch Spiele nicht energetischer – selbst wenn sie »Energizer« heißen. Da wäre es klüger, man denkt neu über Inhalte, Ziele und Formate nach, über Design und Inszenierung. Aber für Notfälle und das Mittagsloch hat man vorsichtshalber ein paar Energiebringer im Werkzeugkoffer – wohlwissend: Es geht um »Erlebnislernen« und nicht um »just for fun«.

ERLEBNISLERNEN: »EIN TOTES PFERD SOLL MAN NICHT REITEN!«

Es gibt Situationen im Training, in denen bringt »Unterricht wie bisher« keine Rendite – und Lust macht er auch nicht. Das liegt nur bedingt an der mangelnden Motivation der Teilnehmer. Wir nutzen da lieber unsere Metaphorik der »Lern-Energie« (vgl. Kap. 5): Die ist aus diversen Gründen abgesunken. Jetzt sucht man »Stellhebel«, um sie wieder in Schwung zu bringen – inhaltlich oder methodisch. Dafür gibt es mindestens sechs Möglichkeiten:

1) MEHR FÜR DIE INHALTLICHE »BETROFFENHEIT« TUN: Sind die Schulungsthemen (für die Teilnehmer) »heiß«? Gehen sie unter die Haut? Weil das nicht immer der Fall ist, wird man verstärkt um die Aufmerksamkeit für diese Themen werben – ihre Praxisrelevanz und ihren Nutzen deutlicher machen.

2) ZIELE UND WEGE KLARER MACHEN: Von Hänsel und Gretel weiß man, dass es gefährlich ist, sich im Wald zu verlaufen. Den Weg zu verfehlen ist schlimm, das Ziel zu verfehlen noch schlimmer. Trainer sind da wichtige Wegweiser und Pfadfinder.

3) ERNST GENOMMEN UND BETEILIGT WERDEN: Ungefragt Stoff aufgetischt zu bekommen und nicht einmal bei der Speisenfolge mitreden zu dürfen, raubt Energie. In Trainings sind Teilnehmer da nicht sehr anspruchsvoll, aber ein wenig Mitmischen wollen sie schon – beim Trainingsablauf beispielsweise oder bei einer Expertenbefragung mit der Unternehmensleitung in Dialog kommen oder Geschäfts- und Entwicklungsstrategien aus erster Hand hören.

4) STÄRKERES EINBINDEN VON UMFELD UND MANAGEMENT: Stehen Führungskräfte, Bereichs- und Geschäftsleitung hinter diesen Themen?

Interessiert die, ob und was die Teilnehmer lernen und was sie dazu zu sagen haben? Und was ist mit Mitarbeitern, die nicht dabei sind?

5) MEHR METHODISCH-MEDIALE INSZENIERUNG: Damit meinen wir all das, was man absichtsvoll tut, um mehr Wirkung und damit mehr Wirksamkeit und Nachhaltigkeit zu erzielen. Methodenvielfalt und »Unterricht anders als üblich« sind da die Stellhebel.

6) DEN ERLEBNISANTEIL HÖHERFAHREN: Die heilige Kuh nicht nur der Events. Sich bewähren, Herausforderungen meistern, überrascht werden sind Erlebnisdimensionen – auch indoor.

INHALTSBEZOGENE HALLO-WACH-AKTIVITÄTEN

Für Lernziele rund um Team, Führung und Projektmanagement ist Outdoor-Erlebnislernen ein Weg. Aber gibt es Indoor-Erlebnisse bei Hard- und Software-Trainings im PC-Raum, bei juristischen oder technischen Themen oder bei der Prüfungsvorbereitung? Tragen sie inhaltlich zum Lerngewinn bei? Sind sie im »normalen« Unterricht das stimulierende Methodentüpfelchen auf dem »i«?

KURZE SIMULATIONSSZENEN: Schnelle Rollenspiele »light«, damit man nicht nur redet, sondern austestet und ein Gefühl für Situationen und Lösungen bekommt (vgl. Kapitel 15).

INHALTLICHE LERN-QUIZ-WETTKÄMPFE: Das Lern-Quiz reicht vom rechnergestützten Typus »Wer wird Millionär« bis zur selbstgestrickten Lösung. Es bringt Energie, wenn mehrere Gruppen im Wettbewerb gegeneinander antreten und auf die besten Teams eine symbolische Siegerehrung wartet. Die Berliner Stadtreinigung entwickelte das Quiz »Wer wird Müllionär« mit lauter Fragen, wie man Dinge entsorgt. Weniger aufwendig: Gruppen sammeln kniffelige Fragen zum Stoff, schreiben die auf Karten und die richtige Lösung auf die Rückseite. Aus diesem Fundus ziehen anschließend alle reihweise eine Frage und müssen schnell Antworten finden.

VERANSCHAULICHENDE SPIELE: Ein Beispiel zur Geschäftsprozessoptimierung: Die Gruppe stellt sich mit einem Ball im Kreis auf. Jeder Spieler soll einmal angespielt und keiner vergessen werden. Wenn jemand übersehen wird, heißt es »Wird entlassen – ist im Prozess nicht nötig«. Wenn einer doppelt angespielt wird, heißt es »Ein Schritt zu viel – Schritt kann eingespart werden«. Im zweiten Schritt kommen weitere Bälle dazu. Wenn ein Ball auf den Boden fällt, heißt es »Kunde verloren«. Im dritten Schritt spielt man auf Zeit und wettet, wie schnell es geht.

KONSTRUKTIONSAUFGABEN: In Kleingruppen Papiertürme, Kleinroboter, Eier-Flugmaschinen oder Kugelbahnen bauen. Für den Lernerfolg wichtig ist die anschließende Prozessauswertung. Dafür bekommen einige Teilnehmer Beobachtungsaufgaben.

FEHLERSUCHE: Bei diesem Typus gilt es Fehlendes, Falsches, Unpassendes herauszufinden, zum Beispiel in Geräten eingebaute Fehler, falsche Berechnungen oder Begriffe in Wortreihen, falsche Gefahrgut-Icons oder mögliche Unfallrisiken auf Baustellenfotos.

ZUORDNUNGSAUFGABEN AM BEISPIEL FLUGHAFEN: Woher kommen und wohin gehen diese Koffer? Welche Gepäckstücke dürfen nicht ins Flugzeug? Welche Städte stehen für welche 3-Letter-Airport-Codes (Flughafenkürzel)?

PLANSPIELE: Wie alle Simulationen sprechen sie nicht nur das Großhirn an. Den »Erlebnischarakter« verraten kleine Episoden: So kamen beispielsweise Studierende zum BWL-Planspiel an der Hochschule plötzlich im Anzug, weil sie doch heute »Geschäftsleitung«

seien. Als Energiebringer fürs Training sind kleine, selbstkonstruierte Mini-Planspiele besonders interessant (vgl. Kapitel 15).

DAS TRAINING ALS SCIENCE-SLAM: Das Design dieser Kurzvortragsturniere kommt aus der Wissenschaft. Im Training spielt sich das eine Etage niedriger ab, aber das Prinzip bleibt: Die Teilnehmer halten kurze lebendige Präsentationen. Das Publikum wird zur Jury und bewertet Inhalt, Verständlichkeit und Unterhaltungswert. Zusatz-Energie entwickelt das, wenn auch Gäste zuhören.

BEWEGUNGSPAUSEN

Kleine Kopf-frei-Übungen bilden aktivierende »Isolierschichten« zwischen langen Inhaltspaketen oder sind Energiebringer im Suppenkoma nach dem Mittagessen. Mit dem Unterrichtsthema haben sie inhaltlich nichts zu tun.

»BEWEGTE PAUSEN« BRINGEN DEN KREISLAUF IN SCHWUNG UND VERMEIDEN VERSPANNUNGEN: Nicht nur die Berufsgenossenschaften propagieren sie als Gesundheitsförderung: Eine kurze angeleitete Gymnastik, isometrische Übungen, vorsichtiges Mobilisieren der Gelenke und Muskeln im Schulter- und Rumpfbereich – eventuell mit Musik.

MIT DER NASE LERNINHALTE IN DIE LUFT SCHREIBEN: Eigenwillig und überraschend. Jeder Teilnehmer wählt ein Stichwort der vorangegangenen Einheit und schreibt es groß mit der Nase in die Luft.

»NICHTRAUCHERPAUSEN« – BESSER ZWEI KURZE ALS EINE LANGE: Frischluftpausen, Mini-Spaziergänge, schnelle Kicker- bzw. Tischtenniseinlagen oder ein paar Schritte zum Stehkaffee kennt jeder Trainer – aber im letzten Moment nimmt man sich dann dafür doch nicht die Zeit.

INHALTSNEUTRALE DENKSPORTAUFGABEN

Lassen Sie Ihre Teilnehmer an Zahlenreihen oder Streichholzrätseln tüfteln oder über Drudel (Bildrätsel) schmunzeln. Unter Denksportaufgaben und Gehirnjogging finden Sie weitere Beispiele im Netz. Manche löst man mit dem Nachbarn. Die Instruktion steht auf dem Flipchart – nicht schon wieder Beamer!

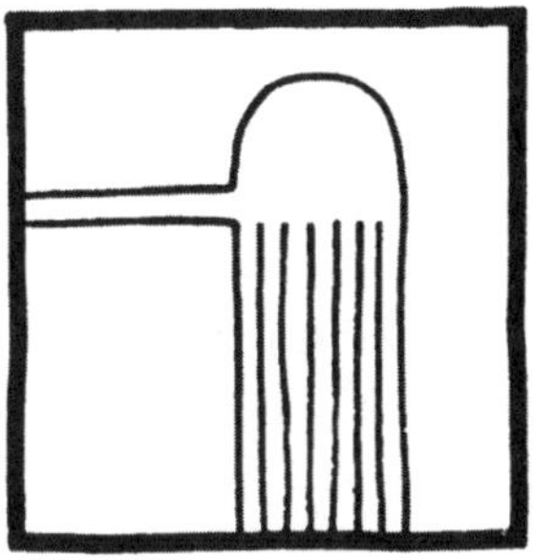

Typisch Drudel: Spinne beim Handstand (links)
Tintenfisch gibt Zeichen fürs Linkssabbiegen (rechts) © Roger Price

INHALTSNEUTRALE WACHMACHER

Die Team- und Organisationsentwicklung nutzt viele Übungen für den spielerischen Erkenntnisgewinn. Hier verwenden wir sie abgespeckt als Energizer – ohne Inhaltsbezug. Fast schade drum!

PAPIERFLIEGER-WEITWURF: Im Theorieteil der Baumaschinenschulung holen sich die Trainer von BAUER Spezialtiefbau zwischendurch ihre »Baggerfahrer« an eine Wand im Schulungsraum, geben ihnen Papier und den Auftrag, daraus Papierflieger zu falten. Alle werfen und man ermittelt den Weitwurfsieger. Auf die Bögen hat vorher jeder seinen persönlichen Lerngewinn und sein Lernvorhaben notiert. Solche »Kleinigkeiten« freuen Teilnehmer.

KEIN STUHL DARF KIPPEN: Alle Stühle stehen im Kreis mit der Sitzfläche nach innen und hinter jedem steht ein Teilnehmer. Mit nur einer Hand auf der Lehne balanciert jeder seinen Stuhl so, dass er fast nach außen kippt. Dann geht es im Uhrzeigersinn zur nächsten Stuhllehne (weiterhin nur eine Hand und alle Stühle gekippt) und man erhöht das Tempo – ohne dass ein Stuhl umfällt. Bei dieser Teamübung vermeidet man den Rauswurf von »Verlierern«.

ROLLENDER EURO: Die Gruppe hält eine Plane (aus dem Baumarkt) straff gespannt in Bauchhöhe (bis zu zehn Teilnehmer eine Folie zwei mal drei Meter, sonst größer). Einer bringt darauf eine Münze (hochkant) zum Rollen. Wie lange hält die Gruppe die Zwei-Euro-Münze am Rollen? Schafft sie eine Kreis- oder Achterbewegung? Varianten: mit Tennisball oder Ei. Diesen »Energizer« aus der Teamentwicklung könnte man auch als Kooperationsübung auswerten.

»ZAUBERSTAB« ODER »DAS AUSTRALISCHE SCHWEBHOLZ«: Die Teilnehmer stehen sich in zwei Reihen eng gegenüber. Auf ihren ausgestreckten Zeigefingern liegt eine leichte (!) Stange (Alu-Zeltgestänge, Zollstock oder zwei eng ineinander gerollte Pinnwandbögen). Diesen Stab sollen sie gemeinsam auf dem Boden ablegen – kein Teilnehmer darf dabei den Kontakt zum Stab verlieren (sonst fängt alles von vorne an). Überraschenderweise geht die Stange eher nach oben als nach unten. Auch das ließe sich als Teamübung auswerten.

FINGERFANGEN: Alle stehen im Kreis, die linke Handfläche zeigt nach oben. Der rechte Zeigefinger berührt von oben mit der Spitze die offene Hand des rechten Nachbarn. Auf Kommando versuchen alle, den Zeigefinger des linken Nachbarn zu fangen und gleichzeitig mit dem eigenen Zeigefinger zu entkommen. Nach einigen Versuchen die Hände wechseln.

SCHNELLE REAKTION »HIGH NOON«: Im Abstand von einem Meter stehen sich zwei Reihen paarweise gegenüber. Die aktive Seite wählt zwischen »Schießen« und »Hände hoch«. Die passive Seite muss entsprechend reagieren – also die gegenteilige Haltung einnehmen. Diese Duelle folgen ganz schnell aufeinander, nach ein bis zwei Minuten Rollenwechsel. Im Prinzip genauso, aber weniger martialisch funktioniert das »Elfmeterschießen«: A schießt rechts oder links und B reagiert mit der passenden Gegenbewegung.

BEWEGUNGSKANON IM SITZEN: Im ersten Durchgang machen alle die Bewegung des Trainers nach: (a) dreimal in die Hände klatschen, (b) dreimal auf die Oberschenkel schlagen, (c) dreimal die Hände in die Luft strecken und (d) dreimal mit beiden Füßen auf den Boden stampfen. Wenn das sitzt, startet der Kanon mit zwei Gruppen. Die erste Gruppe beginnt mit Klatschen. Wenn sie sich zum ersten Mal auf die Schenkel schlägt, beginnt die zweite Gruppe mit dem In-die-Hände-Klatschen. Schwerer wird es dann mit vier Gruppen.

BECHER-RAP = BECHER-BEAT: Jeder hat einen Plastikbecher, den er zur Musik klopft, schlägt oder dreht und dann an den Nachbarn weitergibt. Unter »Becher-Rap« gibt es verschiedene Beispiele und Anleitungen im Netz.

SPIEL-ALLERGIE VERMEIDEN!

»Spiel« ist für manche Teilnehmer ein Reizwort. Wir nennen diese Energiebringer deshalb Energizer, Unterbrecher, Experiment, Kopffrei-Übung oder »Hallo-Wach« und vermeiden Assoziationen zum Kindergeburtstag oder zum Schullandheim. Wer die Funktionen hervorhebt, wertet diese Übungen auf, zum Beispiel Munter machen, Kopf frei machen (damit wieder Neues Platz hat), Vertiefen und Ankern, Aktivieren, Entspannen. Wenn es gut geht, bringen diese Übungen alle zum Lachen.

NICHT LANGE DARÜBER REDEN – STARTEN: Es geht um schnellen Energieschub. Lieber zu kurz als zu lang – wenige Minuten genügen. Auf Bewegungsspielraum achten und Stolperfallen vermeiden. Rücken- und gelenkfreundlich anleiten – kein »Leistungssport«. Stabile Stühle. Softbälle für weiche Würfe.

NIEMANDEN ZWINGEN UND VERLIERER VERMEIDEN: Auch bei harmlosen Spielen verliert niemand gerne oder fällt als Drop-out aus dem Rahmen (zum Beispiel wegen körperlicher Beeinträchtigung oder Problemen beim Instruktions- und Regelverstehen). Also niemanden zum Mitmachen drängen! Und Energizer des Typs »Der Beste bleibt übrig« sind auch nicht das Gelbe vom Ei.

»DAS KENNEN WIR SCHON!« So schlimm ist das nicht. Vorsichtshalber fragen wir manchmal, wer diese Übung bereits kennt. Dann wählen wir eine andere oder bitten die Wissenden um Unterstützung.

22. Raumnutzung

Sitzordnung, Bewegung, Bühne

Raumnutzung - anders als üblich

Räume können Feinde sein. Wer nicht aufpasst, bekommt enge, sterile Schulungsräume – und Hausmeister bestimmen die Sitzordnung! Das zementiert schon vorab wichtige Unterrichtsparameter. Manches können Sie aber vielleicht noch ausgleichen – die Sitzordnung beispielsweise und die Raumgestaltung. Und weder Sie noch die Teilnehmer müssen unverrückbar die ganze Zeit über an der gleichen Stelle festsitzen!

AUF GUTE LERNORTE UND GUTEN »RAUM-SPIRIT« ACHTEN!

Raum-Spirit und Raum-Botschaften! Beim Wohnen achtet man aufs Ambiente, bei Schulungsräumen sollte man das auch tun. Schon beim Betreten des Raums gewinnen die Teilnehmer einen ersten Eindruck vom Charakter der anstehenden Schulung. Da spielen Abstände und Distanzzonen, das Vermeiden von »oben« und »unten«, Möblierung und Sitzordnung eine wichtige Rolle. Tischreihen und ein exponiert stehender Trainertisch signalisieren beispielsweise: Das wird wieder »Musik von vorne«. Ungewöhnliche Raumgestaltung weckt Hoffnungen.

RAUMANFORDERUNGEN: Wenn Hotels »Zwölf Teilnehmer« hören, reservieren sie Seminarräume, die so klein sind wie Ölsardinendosen – und ein zusätzlicher Gruppenraum ist meilenweit entfernt. Kämpfen Sie um große Räume, um natürliches Licht und Fenster zum Lüften, um regelbare Temperatur, um Ruhe und Ungestörtheit.

UNÜBLICHE ORTE, RÄUME UND ARRANGEMENTS: Wer Neues vermittelt, setzt vielleicht auf andersartige Orte und Räume (zum Beispiel Werkshalle oder direkt am Arbeitsplatz). Vor allem aber arrangiert er sterile Räume neu, plant Seitenbühnen, holt Stehtische, verdeckt Wandgemälde, stellt großflächige Plakate in den Raum.

BEWEGUNG UND FRISCHLUFT: Lernen und Gedächtnis sind erlebnis- und ortsbezogen. Die körperliche Bewegung unterstützt die mentale. Das spricht für Schritte ins Freie oder zumindest ins Foyer.

SITZORDNUNGEN DEFINIEREN DEN UNTERRICHTSSTIL

Jede Raumlösung und Sitzordnung hat Vor- und Nachteile, vor allem aber signalisieren sie die Art des Unterrichts und den Umgang miteinander. Also wird man fürs letzte »Möbelrücken« möglichst frühzeitig im Raum sein.

KINO- ODER KIRCHENBANK-SITZORDNUNG: Stuhlreihen nach vorne hin ausgerichtet – isoliert davor der Trainertisch (mit besserem Stuhl), darüber als »Altarbild« die Projektionsleinwand. Das ist Predigt von vorne und die Teilnehmer werden zu Zuhörern.

FISCHGRÄT-ANORDNUNG: Im Prinzip wieder »Kino«, aber die Stuhlreihen stehen leicht schräg im Raum. Vor allem bei breiten Räumen erleichtert das den Blick nach vorne und den Dialog.

TISCHREIHEN (MIT ODER OHNE BILDSCHIRME): Auch das steht für Musik von vorne, signalisiert aber auch Mitarbeit.

DAS TISCH-»U« HAT DIE SCHULUNGSWELT EROBERT: Von Vorteil ist, dass alle halbwegs gut nach vorne sehen, Blickkontakt untereinander möglich und Platz für Unterlagen oder Rechner vorhanden ist. Allerdings werden die Abstände zwischen den Teilnehmern und dem Trainer größer. Das macht Schulungen förmlicher. Wichtig für Trainer: In das »U« reingehen können!

GESCHLOSSENER TISCHBLOCK: Mehrere Tische zum Quadrat oder Rechteck zusammenstellen (ohne »Loch« in der Mitte). Der Trainer sitzt an der Tischseite zur Leinwand – da stehen zwischendurch auch Pinnwände oder Flipcharts. Die Teilnehmer verteilen sich auf die restlichen drei Seiten des Tischblocks (bei mehr als zwölf Personen wird es eng). Die große leere Tischfläche wird mit Getränken, Gläsern, Tassen sowie Unterlagen, Schreib- und Moderationsmaterial belegt. Das signalisiert gemeinsames Arbeiten – schon beim Reinkommen.

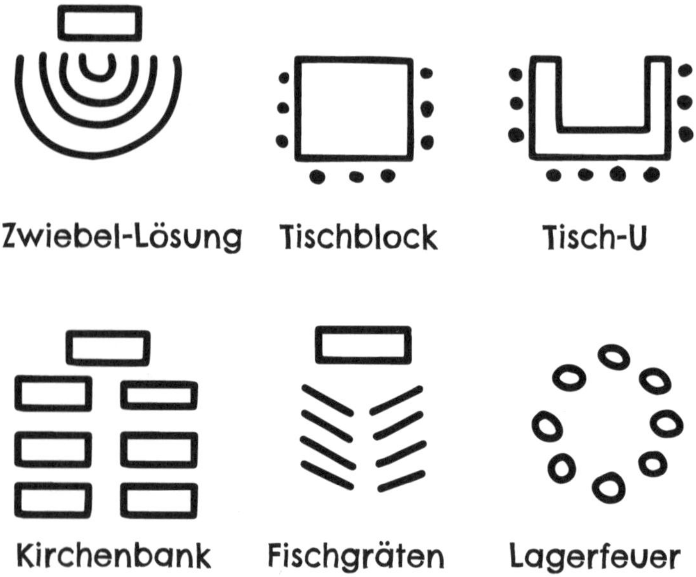

TISCHGRUPPEN IM RAUM VERTEILT: Verteilt stehende Gruppentische mit jeweils bis zu sechs Teilnehmern unterstützen die Kommunikation am (kleinen!) Tisch. Im Raum ergeben sich daraus allerdings unpersönlich-große Distanzen und nicht alle haben eine gute Sicht zur Leinwand.

STUHLKREIS / »LAGERFEUER«: Den Sitzkreis gibt es vermutlich seit der Steinzeit. Im Training unterstützt er Austausch, Reflexion und das Reden über persönliche Themen. Allerdings assoziieren manche Teilnehmer damit Schule oder Selbsterfahrungsgruppe. Darum sprechen wir lieber vom »Lagerfeuer«. Als Schreibunterlage verteilen wir Schreibbretter.

TISCHBLOCK UND »LAGERFEUER« ALS KOMBI: Am liebsten installieren wir in einer Raumhälfte den geschlossenen Tischblock und in der zweiten Raumhälfte den Stuhlkreis. Während des Trainings wechseln wir: Orientierung, Input und Arbeit mit Unterlagen am großen Tisch. Austausch, Vertiefung und Bewertung am »Lagerfeuer«. Wenn für den Sitzkreis der Platz fehlt, wechseln wir zwischendurch rückseitig zur »Stehparty« mit großen Wandplakaten.

ZWIEBELSCHALENLÖSUNG – STUHL-HALBKREISE: Wer bei großen Gruppen Nähe herstellen will, stellt mehrere Stuhl-Halbkreise eng und versetzt hintereinander (so, dass alle möglichst ungestört nach vorne schauen können). Die offene Seite ist dann für Trainer (am Stehtisch), Pinnwände und die Beamer-Projektion.

BÜHNEN, BÜHNENWECHSEL UND KULISSEN

Sie müssen kein Theater abziehen, aber Bühnen gibt es überall – nur heißen die nicht so. Beispielsweise ist der zentrale Trainertisch vor den Stuhlreihen und die Projektion dahinter der »Bühnenraum«. Und Flipchart oder Pinnwand sind »Kulissen« oder »Seitenbühnen«.

ZENTRALBÜHNE: Frontalunterricht setzt auf Frontalbühne mit Projektionen als Wechselkulisse. Trainertisch bzw. Stehpult und die Herrschaft über die Medien zeigen, wer hier das Sagen hat. Das steht in der Tradition der Kanzelpredigt.

HAUPT- UND NEBENBÜHNEN: Das Vorne und Hinten ist da weniger ausgeprägt. Die »Handlung« findet an verschiedenen Stellen im Raum statt. Im Training steht die Hauptbühne für Orientierung, zentrale Inhalte und PowerPoints. Nebenbühnen sind Stehtische, im Raum aufgestellte Objekte oder Themenplakate. An ihnen steht man oder nimmt seinen Stuhl mit. Dann geht es zurück zur Hauptbühne.

DEN BODEN NUTZEN: Da lassen sich wunderbar großformatige Abläufe auslegen, und man kann sie mit den Teilnehmern gemeinsam durchgehen.

WER DARF AUF DIE BÜHNE? Traditionell die Trainer, gelegentlich auch Experten, Vertreter des Managements oder Überraschungsgäste. Partizipativer wäre es, wenn auch Teilnehmer zwischendurch Platz auf der Bühne fänden.

DAS PRINZIP BEWEGUNG

Raum, Sitzordnung, Bühnen, Projektionsflächen, Medien und Stehtische schaffen Rahmenbedingungen. Man muss sie mit Bewegung und Leben füllen. Das fängt beim Trainer an: Nur Pattex-Referenten kleben die ganze Zeit an derselben Stelle. Presenter nutzen, mit denen man von überall im Raum Folien weiterklicken kann. In den Raum gehen. Kernaussagen gezielt an verschiedenen Positionen im Schulungsraum ankern und wenn es inhaltlich passt, auf einer Stehleiter die Meta-Ebene veranschaulichen. Aber auch die Teilnehmer bleiben nicht permanent an einer Stelle sitzen – schließlich ist Schulung keine »Sitzung«.

TEILNEHMER »NEHMEN STELLUNG«: Statt unverbindlich zu reden oder Punkte zu kleben, vertritt jeder seinen Standpunkt körperlich im Raum, beispielsweise als »Punkten mit dem Körper« bei einer Seilaufstellung. Oder jeder stellt sich zu seiner favorisierten Aussage – die hängen räumlich verteilt auf großen Karten (vgl. Kapitel 11).

»PROZESSION« IM TRAINING: Eine Vermittlungsform mit Tradition. In Trainings sind das etwa Stationenlernen, Lernzirkel, »Ein-Führungen« und Umschluss-Gruppen (vgl. Kapitel 16).

ABLÄUFE ABGEHEN / »THEMEN-PARCOURS«: »Parcours-Stationen« veranschaulichen Zeitachsen, Ablaufschritte oder Meilensteine. Bei Bodeninstallationen liegen die Knotenpunkte komplexer Flussdiagramme, Zeitachsen oder Projektabläufe großformatig auf dem Boden und sind mit dickem Kreppband für alle sichtbar verbunden. Diese Ablaufstruktur geht man mit den Teilnehmern gemeinsam durch – im wahrsten Sinn des Wortes.

ZWISCHEN ALLEN STÜHLEN SITZEN: Entscheidungssituationen räumlich abbilden: Alternative 1 hängt als Poster an der linken Raumseite, Alternative 2 ihr gegenüber und Alternative 3 an der Rückwand. Die Teilnehmer sitzen oder stehen inmitten dieser Alternativen und diskutieren die konträren Argumente – eventuell mit Diskutanten, die ihre jeweiligen Positionen lautstark vertreten.

ZENTRALEN LERNGEWINN RAUMBEZOGEN MARKIEREN: Fürs Tages-Schlussblitzlicht stellen sich die Teilnehmer im Schulungsraum dort auf, wo sie an diesem Tag den größten Lerngewinn hatten, beispielsweise nahe der Leinwand, am Platz der Gruppenarbeit oder an der Tür, wenn das Wichtigste in der Pause stattfand. Per Interview befragt man dann Einzelne, welche »Erleuchtung« sie an genau dieser Stelle hatten.

WALK AND TALK: Dass beim Gehen Ideen sprudeln, wussten bereits die alten Griechen und diskutierten wandelnd in Säulenhallen. Im Training schicken wir kleine Grüppchen mit einer klaren Aufgabenstellung für 15 bis 20 Minuten ins Freie oder ins Foyer. Die diskutieren dort, notieren ihre Ergebnisse und bringen sie anschließend ins Plenum.

23. Schwierigkeiten meistern

Turbulenzen, Krisen, Pannen

Trainer Gerry hatte dieses Kapitel falsch verstanden

Heiße Krisen, Konflikte und Weltuntergänge im Training sind selten. Sie machen Angst – auch wenn sie nicht eintreten. Vor allem Emotional-Zwischenmenschliches wirkt bedrohlich: laute, explosive Vorkommnisse, nervende Fragen, Konkurrenz aus der Runde, Vielredner, Seitengespräche, aber auch überforderte oder völlig passive Teilnehmer. Das steckt man nicht immer leicht weg.

STÖRUNGEN: WAS WICHTIG IST

Störung heißt: Es läuft anders als geplant. Das löst Irritation aus und kann mehr als lästig sein, aber selten will jemand bewusst stören. Entscheidend ist, was das in meinem Kopf und Bauch auslöst.

MANCHE STÖRUNGEN SIND RAUCHMELDER-SIGNALE: Irgendetwas beginnt zu schmoren, und der Schnellste, Frechste oder der mit der feinsten Nase schlägt schrill Alarm. Trainer überhören die unklar verpackte Botschaft.

WEN STÖRT DIE STÖRUNG? Bin nur ich betroffen, mein geplanter Ablauf oder das Lernziel? Tangiert es die anderen Teilnehmer? Welche Konsequenzen beobachte oder befürchte ich als Trainer?

STÖRUNGEN BEKOMMEN ERST IM KOPF BRISANZ: Dort werden »eigenwillige« Verhaltensweisen interpretiert, und die lösen Reaktionen aus – von Lachen bis zu Eskalation oder Panik.

AUCH MIR MUSS ES GUT GEHEN! Ich tauche als Trainer nicht ab und schlucke nicht alles!

EINEN KÜHLEN KOPF BEWAHREN: Tief durchatmen, nachdenken. Nur weil mir jemand eine Palme hinstellt, muss ich noch lange nicht raufklettern!

MÖGLICHE URSACHEN UND AUSLÖSER FÜR TURBULENZEN

Für Störungen gibt es fast immer mehrere denkbare Ursachen – mitgebrachte und hausgemachte. Die schaukeln sich zum Teil gegenseitig auf. Vier mögliche Gründe:

- BEIM TEILNEHMER UND IN DER GRUPPE: Persönliche Eigenwilligkeiten, Teilnehmer ist nicht gut drauf oder hätte derzeit Wichtigeres zu tun. Rivalitäten und Probleme mit den anderen Teilnehmern.
- BEIM SCHULUNGSINHALT / STOFF: Kein erkennbarer Praxisbezug oder Nutzen. Über- oder Unterforderung. Schon bekannt, weil Wiederholungs- und Pflichtveranstaltung.
- BEIM TRAINING UND TRAINER: Frust über Unterricht und Kursorganisation. Teilnehmer fühlen sich wie Schüler behandelt, halten den Trainer für inkompetent. Zeit- und Technikprobleme, auch zu wenig Briefing des Trainers, Angst vor inhaltlicher Überforderung und Wertekollision zwischen Trainer und Teilnehmern.
- IM KONTEXT: Widerstand der Teilnehmer gegen das Thema. Wurden geschickt. Frust über Arbeit oder Firma. Wurden in unpassenden Kurs gebucht.

DER GAU-ERKLÄR-REAKTIONS-VOLLAUTOMAT: Bei »eigenartigem« Teilnehmerverhalten arbeitet dieser Automat blitzschnell. Als Freund-Feind-Kennung war das in der Steinzeit überlebensnotwendig. Aber der Automat reagiert undifferenziert: Im dümmsten Fall erkennt er immer nur eine Ursachengruppe und Trainer werden Opfer ihrer eigenen Vermutungen.

DAS BREMST DEN GAU-AUTOMATEN AUS: Nicht auf eine Ursache festlegen – stattdessen fünf finden! Wenn ein Teilnehmer beispielsweise immer Fragen zu Randthemen stellt, a) ist er genau daran interessiert, b) will er den Trainer auf seine blinden Flecken aufmerksam machen, c) will er sich vor den anderen profilieren, d) wurde er mit dieser Fragestellung in den Kurs geschickt, e) testet er die Kompetenz der Trainers, f) will er den Kurs aufmischen, g) will er sich wachhalten, h) hat er das Gefühl, der Kurs sei zu langsam. Welche Erklärung zutrifft, bleibt offen, aber jede löst andere Gefühle aus und eröffnet oder verschließt Reaktionsmöglichkeiten.

Was haben schwierige Situationen mit mir als Trainer zu tun? Trainer können der Auslöser dafür sein – oft ohne es mitzubekommen. Auf alle Fälle sind Trainer über ihre Wahrnehmung, Interpretation und Ursachenhypothese ein entscheidender Faktor für Eskalieren oder Deeskalieren.

PROPHYLAXE: VORBEUGEN, BEVOR ES SCHWIERIG WIRD

GUTE VORBEREITUNG, KLARE AGENDA, KLARER ZEITPLAN: Gut geplant kommen Sie weniger aus dem Takt und bleiben leichter in der Zeit. Orientierung geben, die Agenda aushängen – das macht allen den roten Faden klar und Sie können im Notfall zeigen, was noch aussteht. Aber lassen Sie Luft für Ungeplantes!

VORABKONTAKT UND ERWARTUNGSCHECK: Passt der Kurs zu den Erwartungen und Aufgaben der Zuhörer? Das recherchieren Sie möglichst vorab bei wichtigen Meinungsträgern – telefonisch oder per Mail. Oder Sie reden mit Kollegen darüber.

HEISSE-EISEN-SAMMLUNG: Wer inhaltliche Turbulenz fürchtet, sammelt schon im Vorfeld die unangenehmsten Fragen und Widersprüche und formuliert dafür Antworten. Während der Schulung überrascht Sie dann kaum mehr was.

EINWAND-VORWEGNAHME: Nicht erst warten, bis kritische Fragen aus der Runde kommen. Stattdessen »heiße Themen« selbst ansprechen, so bleiben Sie in Führung (natürlich nur, wenn Sie fest mit diesem Einwand rechnen und gute Gegenargumente haben).

PERSÖNLICHER KONTAKT UND ANGENEHME ATMOSPHÄRE VOR ORT: Schon vor Beginn im Raum sein und die ersten Teilnehmer persönlich begrüßen. Mehr Zeit für den Einstieg und für Fragen planen. Häufiger Transferfragen ansprechen. Anerkennung und Fehlerkultur bei Übungen und Anwendungen.

UND WIE IST DAS MIT »REGELN VEREINBAREN«? Manche Kollegen bitten gleich zu Trainingsbeginn um Pünktlichkeit und um den Verzicht auf Handy und Notebook. Wir tun das nur, wenn wir vorgewarnt sind. Sonst sprechen wir das erst an, wenn es stört, und suchen dann gemeinsam nach Lösungen (zum Beispiel längere Pausen für Kundentelefonate).

MITTEN IM GETÜMMEL: IN KRITISCHEN SITUATIONEN KLUG HANDELN

»Eigenwillige« Teilnehmer können Zeitpläne durcheinanderbringen, Inhalte verschieben, den Methodeneinsatz behindern, die Autorität des Trainers infrage stellen, die übrigen Teilnehmer aufwiegeln. Hier Reaktionen und Strategien – falls Sie dafür den Kopf noch frei haben:

DIE ESKALATION ENTSTEHT IM KOPF DER TRAINER: »Hüte dich vor deinen Gedanken, sie könnten Wirklichkeit werden!« Ob alle Befürchtungen eintreten, hängt (mit) von den subjektiven Ursachenerklärungen ab und von der internen Weiterverarbeitung dieser unerfreulichen Signale.

ANGRIFFE ERNST, ABER NICHT PERSÖNLICH NEHMEN: Kursteilnehmer sehen Trainer oft als Interessenvertreter und nicht als Person.

DAS ANLIEGEN HERAUSHÖREN: Kaum jemand kommt in Ihren Kurs, nur um Sie zu ärgern! Hinter vielen Angriffen steckt eine (gute) Absicht oder ein Anliegen – dummerweise unangenehm verpackt und verschlüsselt. Arbeiten Sie das Anliegen heraus, zum Beispiel so: »Habe ich Sie richtig verstanden: Ihnen ist wichtig, dass…?« oder »Ich vermute, Sie wollen damit sagen…?« Solche Umformulierungen helfen, Reibung zu reduzieren und wieder »sachlicher« zu diskutieren.

VERSTÄNDNIS ZEIGEN: Auf die Gefühle (Ärger, Wut) eingehen, zum Beispiel: »Ich verstehe, worum es Ihnen geht, allerdings...« oder »Ich kann Ihre Skepsis nachvollziehen, aber...«

EHRLICH ANTWORTEN: Keine Verteidigung! Offenheit, wenn es noch keine Lösung gibt oder Sie nicht Bescheid wissen: »Dieses Problem haben wir noch nicht gelöst« oder »Den Sachverhalt muss ich erst klären.« Sich entschuldigen: Manchmal hat man sich vergaloppiert.

BIRKE STATT EICHE: Konfrontation vermeiden! Elastisch reagieren, keinen Zweikampf – der frisst nur Zeit und schafft Verlierer. Widersprüchliche Positionen festhalten, Gegenargumente würdigen, ohne sie inhaltlich zu akzeptieren.

DIE ANDEREN TEILNEHMER EINBEZIEHEN: Sich mit »schwierigen« Teilnehmern nicht in lange Dialoge verstricken. Prüfen, ob der aufgeworfene Aspekt für die ganze Gruppe wichtig bzw. ob dafür noch Energie bei allen vorhanden ist.

MIT TEILNEHMERN REDEN: Im Vier-Augen-Pausengespräch, im Blitzlicht oder im Gespräch in der Runde lässt sich manches klären und gegebenenfalls nachjustieren.

SIE MÜSSEN NICHT AUF ALLES EINGEHEN: Auf Einwürfe flexibel reagieren. Je nach Situation ignorieren, quittieren (mit Blick, Nicken, Notieren), kurz behandeln oder zurückstellen.

ERSTE HILFE FÜR SCHWIERIGE SITUATIONEN:
»WAS TU' ICH, WENN ...«

... TEILNEHMER UNMOTIVIERT ODER FRUSTRIERT SIND? Ursachenanalyse ist wichtig, aber es braucht strikte Lösungsorientierung: »Was brauchen Sie, damit der Kurs dennoch interessant/nützlich für Sie ist?« Manchmal ist es auch wichtig, dass Teilnehmer ihren Unmut ablassen (»Der Chef hat mich geschickt, eigentlich brauche ich das nicht...«) und Gehör bekommen, dann können sie sich eher einlassen.

... TEILNEHMER ÄNGSTE ODER WIDERSTAND HABEN? Ideal, wenn Sie diese Befürchtungen erkennen – dann können Sie sie thematisieren und damit umgehen! Auch hier ist Lösungsorientierung hilfreich: »Was brauchen Sie, damit Sie mitmachen können?«

... EINZELNE ODER MEHRERE TEILNEHMER »STÖREN«? Teilnehmer wollen nicht stören – sie haben Anliegen! Sie wollen zum Beispiel etwas anderes lernen. Seien Sie wohlwollend und versuchen Sie, die Anliegen herauszufinden – bei Einzelnen im Vier-Augen-Gespräch in der Pause, bei mehreren »Störern« können Sie das vor der Gruppe ansprechen.

... TEILNEHMER DURCH NEBENGESPRÄCHE STÖREN? Manchmal reicht ein Blick, um zwei Teilnehmer verstummen zu lassen. Oder Sie machen eine Pause und warten erkennbar, bis es wieder ruhig wird. Gelegentlich ist direktes Ansprechen nötig: »Hat das etwas mit dem Thema zu tun?« Direkte Hinweise, dass Nebengespräche stören, und die Bitte, es zu lassen, wirken oft Wunder.

... EINER DURCH VIELREDEN DOMINIERT? Sie dürfen und müssen unterbrechen! Klären Sie den Bezug zum Thema, zum Beispiel: »Entschuldigen Sie, wenn ich Sie unterbreche. Habe ich Sie richtig verstanden, dass…?« Wenn der Redner nicht zu stoppen ist, fragen Sie die Gruppe, ob das Thema für alle relevant ist.

... TEILNEHMER SICH ANGREIFEN? Werfen Sie sich frühzeitig dazwischen. Sie sind für Fairplay verantwortlich. Prüfen Sie, was im Kurs geklärt werden muss. Bieten Sie ein Gespräch mit den Beteiligten außerhalb der Schulung an. Wenn es alle betrifft, greifen Sie das Thema auf, bringen die Diskussion aber weg von den Streithähnen.

... TEILNEHMER DIE AKTIVE TEILNAHME VERWEIGERN? Auch hier nach den Motiven und Anliegen fragen und dann gemeinsam schauen, was es braucht. Wenn es Einzelne betrifft, sollten Sie das akzeptieren. Tragen Sie niemanden zum Jagen! Sie sind Referent und kein Therapeut!

... ALLE SCHWEIGEN? Fragen Sie nach Wünschen und Zielen, Meinungen und Erfahrungen. Nutzen Sie aktivierende Methoden (zum Beispiel Blitzlicht, Partner- und Gruppenarbeit) oder provozierende Äußerungen. Wenn dies alles nicht zum Erfolg führt, steigen Sie eine Stufe höher auf die »Meta-Ebene«: Das Schweigen thematisieren, den eigenen Eindruck benennen und fragen, warum alle so still sind.

... TEILNEHMER DEN KURS VERLASSEN WOLLEN? Nach den Motiven fragen, eventuell nachjustieren und auf Wünsche eingehen, aber niemanden festhalten. Ihre Teilnehmer sind schließlich erwachsene Menschen, und Reisende soll man bekanntlich nicht aufhalten!

… DAS FÜR DEN KURS NÖTIGE VORWISSEN BEI DEN TEILNEHMERN FEHLT? Ideal, wenn Sie dieses Problem durch frühzeitige Teilnehmerrecherche und eine klare Ausschreibung (»Nur für…«) bereits im Vorfeld ausschalten können. Wenn es dennoch passiert, sprechen Sie es offen an. Mögliche Auswege: Noch einmal mit den Basics starten oder notfalls den Kurs abbrechen.

… DER WISSENSSTAND DER TEILNEHMER SEHR UNTERSCHIEDLICH IST? Sie müssen klären, ob Sie diese Unterschiede ausgleichen können. Das geht zum einen durch einen Exkurs für die Schwächeren (»Diejenigen, die das schon kennen, müssen sich bitte in der nächsten Stunde gedulden!«) oder durch das Zusammenspannen von alten und jungen Hasen in Lerntandems.

… ICH MERKE, DASS ICH MEINEM ZEITPLAN HINTERHERHINKE? Im Vorfeld hilft eine realistische Zeitplanung mit Pufferzeiten und im Training eine Themenagenda. Während der Schulung heißt es dann: schneller Check! Was ist Pflicht, was Kür? Aufs Wesentliche beschränken und den Teilnehmern zeigen, wo sie den Stoff selbstständig nachlesen oder vertiefen können.

… TEILNEHMER MEINE AUSSAGEN ANZWEIFELN? Wichtiger Prüfstein: Bin ich mir sicher – und strahle ich das auch aus? Fragen Sie offen nach den Bedenken und Motiven und gehen Sie darauf ein. Bei einzelnen Skeptikern hilft manchmal auch ein Vier-Augen-Gespräch. Notfalls auf Ihrem Job beharren: »Sie müssen mir nicht glauben, aber ich mache jetzt im Stoff weiter…«

… TEILNEHMER DEN TRANSFER DER SCHULUNGSINHALTE IN DIE PRAXIS INFRAGE STELLEN? Fragen Sie nach, was die Bedenken sind und was die Teilnehmer bräuchten. Greifen Sie, wenn möglich, die Praxissituationen der Teilnehmer auf.

F

Quellen und Methodenverzeichnis

24. Mitdenker, Bücher, Quellen
Weil niemand alleine denkt

EIN HERZLICHES DANKESCHÖN...

... an all die Inspiratoren dieses Mini-Handbuchs: Teilnehmerinnen und Teilnehmer unserer Trainerausbildungen und Werkstatt-Trainings in Unternehmen, Institutionen und Hochschulen und an der IHK Akademie München und Oberbayern. Ein Dankeschön auch an involvierte Kolleginnen und Kollegen, ans WUP-NETZWERK und an kritische Testleser, Mitdenker und Unterstützer, zum Beispiel:

Uwe Adlunger, Deutsche Doka
Jana Antosch-Bardohn, Sprachraum
Dr. Ulrike Bollmann, IAG Institut für Arbeit + Gesundheit der DGUV
Lüder Cammann, GIZ
Thomas Fischer, Océ Printing Systems
Guido Hornig, http://lernlink.de
Kathrin Keller, Zeppelin Baumaschinen
Thomas Kölbl, IHK Akademie München und Oberbayern
Prof. Dr. Andreas Krapp, WUP-NETZWERK
Ulrich Lipp, WUP-NETZWERK
Dr. Barbara E. Meyer, LMU und Sprachraum
Susanne Polewsky, WUP WILL UND PARTNER
Wolfgang Renner, Munich RE
Dr. Carsten Rohr, WUP-NETZWERK
Dr. Sandra Schön BIMS e.V. / Salzburg Research
Markus Schwarzenbacher, BAUER Spezialtiefbau
Barbara Seidler, Stadtreinigung Berlin
Michael Steinbauer, Deutsche Doka

Prof. Dr. Franz Waldherr, DIZ Zentrum für Hochschuldidaktik der Fachhochschulen in Bayern
Dr. Markus Weingärtner, IHK Akademie München und Oberbayern
Markus Weissenborn, P3
Carla Will, Universität Nürnberg
Barbara Wocher, WUP-NETZWERK
Rouven Wulff, Zeppelin Baumaschinen
Sven Ziemann, Deutsche Doka
Michael Ziereis, WUP-NETZWERK

BÜCHER UND LINKS

Diese Liste soll »mini« bleiben. Für die ganze Themenbreite finden Sie Aktuelles in www.trainerbuch.de und unter »BELTZ Weiterbildung« im Netz. Hier Spezielles rund ums Trainer-Handwerk:

Antosch-Bardohn, J./Beege, B./Primus, N.: Tutorien erfolgreich gestalten. Ein Handbuch für die Praxis. Schöningh, Paderborn, 2016.
Besser, R.: Werkzeugkoffer für Lernbegleiter. Die Methodenbox für eine konstruktivistische Didaktik (160 Karten in Metallbox). www.besser-wie-gut.de. Bremen.
BIMS e.V.: Bildung, Innovation, Migration, soziale Exzellenz. www.bimsev.de
Bowman, S. L.: Training from the BACK of the Room! 65 Ways to Step Aside and Let Them Learn. Pfeiffer, USA, 2009.
Deci & Ryan: Basic Needs, in: Seidel, T./Krapp, A. (Hrsg): Pädagogische Psychologie. Beltz, Weinheim und Basel, 62014, Seite 204.
Duarte, N.: slide:ology. Oder die Kunst, brillante Präsentationen zu entwickeln. O'Reilly, Köln, 2009.
Hart, J.: Modern Workplace Learning. A Ressource Book for L. & D. Centre for Learning & Performance Technologies (USA), 2015.

Lipp, U./Will, H.: Das große Workshop-Buch. Beltz, Weinheim und Basel, [8]2008.
Rachow, A./Sauer, J.: Der Flipchart-Coach. managerSeminare, Bonn 2015.
REFAK: ReferentInnen-Akademie, Wien: http://blog.refak.at
Schön, S./Ebner, M.: Gute Lernvideos. BIMS e.V., 2013 (kostenfrei als pdf: www.bimsev.de).
Seidel, T./Krapp, A. (Hrsg.): Pädagogische Psychologie. Beltz, Weinheim und Basel, [6]2014.
Will, H.: Mini-Handbuch Vortrag und Präsentation. Beltz, Weinheim und Basel, [8]2013.
Will, H./Wünsch, U./Polewsky, S.: Info-, Lern- und Change-Events. Ideenbuch für Veranstaltungen. Beltz, Weinheim und Basel, 2009.

BILDQUELLEN

Zeichnungen, Grafiken, Fotoauswahl: Michael Ziereis

Fotos: Fast alle Fotos in diesem Mini-Handbuch sind in unseren Trainings, Schulungen und Workshops entstanden. Fotografiert haben u. a. Michael Ziereis, Carla Will, Katrin Dengler, Hermann Beiler und Deutsche Doka (S. 87) sowie Teilnehmer und Trainings-Assistenten. Wer das jeweils im Einzelfall war, ist leider nicht immer rekonstruierbar.

Drudel (S. 149): Aus Roger Price: Der kleine Psychologe. Sämtliche Drudel. Diogenes, Zürich, 1983.

Nashorn (S. 142): Das WUP-Wappentier aus Diderots berühmter Enzyklopädie der Welt – als Kupferstich, 18. Jahrhundert.

25. Methodenverzeichnis
Werkzeuge, Tools und Strategien

Hier finden Sie Vorgehensweisen, Überlegungen und Strategien fürs das Design, die Planung und die Durchführung von Trainings und Seminaren – geordnet im ABC. Die erste Ziffer steht fürs Kapitel, die zweite für die jeweilige Seite. Sie können dieses Verzeichnis auch als Checkliste nutzen – als Impuls fürs »Oh, daran habe ich noch gar nicht gedacht!«.